LETTRES QUI DECOUVRENT

L'ILLUSION DES PHILOSOPHES SUR LA BAGUETTE,

ET QUI DETRUISENT LEURS SYSTE'MES.

Populus meus in ligno ſuo interrogavit, & Baculus ejus annuntiavit ei.
Oſeæ 4. 12.

A PARIS,
Chez JEAN BOUDOT, ruë S. Jaques, au Soleil d'or.

M. DC. XCIII.
Avec Privilege du Roi.

PREFACE.

IL y a tant de choses dont on doit s'instruire, & tant d'autres qu'il ne nous importe pas de sçavoir, qu'on a souvent lieu de douter, si l'on ne péche point par trop de negligence, ou par trop de curiosité. *Ne recherchez pas*, dit l'Ecriture, *ce qui est au dessus de vous. Ayez seulement toujours devant les yeux ce que Dieu vous a commandé. Il y a beaucoup de choses qui ne vous touchent point ; n'en soyez donc pas curieux.* Eccli. 3. 22.

Suivant ces saints Avertissemens, on peut craindre un excés de curiosité, lorsqu'on consume bien du tems pour aprofondir des secrets qui n'ont nul raport à nos devoirs ; mais on doit craindre aussi, qu'une trop grande indifference ne soit pas exempte de faute, si negligeant de s'instruire de certaines matieres, on s'expose à dire ou à faire quelque chose qui soit contraire à la Loi de Dieu.

Il est difficile que bien des gens ne donnent dans cet inconvenient, lorsque quelque pratique devient commune parmi le peuple : & qu'on peut douter, si elle est fondée sur une raison Physique, ou si elle tient du miracle, ou si elle n'est point l'effet de la fourberie, ou de la superstition.

Tel est le doute que fait naître l'usage de la Baguette avec laquelle on trouve de l'eau, des métaux, les bornes des champs, & plusieurs autres choses cachées. La pratique en est assez simple pour faire croire qu'elle n'a rien que de naturel. Nulle ceremonie necessaire, nulle parole, nulle circonstance magique. Une baguette qu'on tient entre les mains se remuë sur l'eau, sur les métaux, & sur le lieu où s'est commis un meurtre ; ne semble-t'il pas qu'il n'y a rien-là que de naturel ?

Mais cette même baguette ne se remuë qu'entre les mains de quelques personnes. Elle s'incline également sur des choses tres-differentes. Elle indique les bornes des champs, les meurtriers, les voleurs, les larcins : toutes choses qui tiennent bien plus du moral que du Physique ; n'est-ce point-là un sujet de croire que les effets de la Baguette sont au dessus des forces naturelles ?

Il est donc important qu'on se mette en état d'en juger avec connoissance de cause, & qu'on prononce un jugement decisif. S'il n'y a que fourberie dans l'usage de la Baguette, il faut en avertir le Public, & interdire à jamais un usage, qui sous pretexte de quelque bien donneroit lieu à des fripons d'accuser des gens d'honneur, & deviendroit bientôt une source de médisances, de calomnies, & de division dans les familles, dans les villes, & sur tout dans les petits lieux.

Que ſi la Baguette tourne ſans art & ſans fraude entre les mains de quelques perſonnes, on doit encore examiner, ſi cela ſe fait par l'action d'un bon ou d'un méchant principe. Laiſſer le peuple dans le doute, c'eſt le laiſſer expoſé à pecher. Condamner à cauſe du doute, c'eſt ſe mettre au hazard d'ôter aux hommes un avantage qu'on ne ſçauroit aſſez priſer, s'il venoit de Dieu. Eſt-il rien en effet de plus eſtimable, que de pouvoir auſſi aiſément aſſigner à chacun ce qui lui apartient, terminer les procés, & empêcher les crimes qui pourroient être découverts par le ſeul mouvement d'un bâton ? ce ſeroit-là * *la verge d'équité*, qui apartient au Royaume de JESUS-

* Virga æquitatis, virga regni tui. Pſ. 44.

CHRIST, ou * ce *bois de benediction qui produit la justice.*

* Benedictum lignum per quod fit justitia. *Sap.* 14.

Mais si sur ces belles aparences on aprouvoit l'usage de la Baguette, & qu'elles ne fussent neanmoins qu'un voile sous lequel le tentateur se seroit caché ; ne seroit-ce pas faire accepter des dons qui ne pourroient être que des pieges ? Tout le monde en est sans doute convaincu, & la difficulté ne peut consister qu'à discerner si le démon a quelque part à l'usage dont il s'agit.

Bien des gens croyent que c'est cet esprit séducteur qui fait tourner la Baguette ; & ce n'est pas seulement depuis la découverte des meurtriers & des bornes qu'on a formé ce soupçon. Lors même que la Baguette ne faisoit trouver que des métaux, on s'en défioit, on en disputoit ; & Agricola * sçavant Alleman, témoin de ces disputes, aprés avoir pesé les raisons des deux partis, en examina l'usage avec soin, le declara superstitieux, & soutint hautement son sentiment dans le traité des métaux qu'il fit imprimer il y a prés de deux siecles. On ne laissa pas toutefois d'être encore partagé. Comme Agricola insistoit beaucoup sur les paroles que plusieurs personnes prononçoient de son tems, ceux qui réussissoient sans paroles, le prirent pour un bon-homme qui crioit à la sorcellerie, lorsqu'il voyoit joindre à certaines pratiques quelqu'un de ces mots mysterieux, qui ne sont souvent inventez que pour fai-

* *Georg. de re metallica l. 2.*

re valoir un ſecret dans l'eſprit des ſimples, ou pour avoir lieu de rire aux dépens de ceux à qui on fait déveloper de grands principes de démonomanie, pour expliquer des ſujets qui ſont tout-à-fait naturels.

Si le plus grand nombre n'a pas été du ſentiment d'Agricola, des Auteurs de reputation & de mérite y ſont entrez. Ils ont trouvé ſa décision bien fondée, & ſe ſont contentez en traitant la queſtion de tranſcrire ce qu'il en avoit dit. Voila le doute qui ſubſiſte depuis long-tems. Voyons comment on pourra le reſoudre.

Il me ſemble que ce qui met en peine la plûpart des perſonnes, lorſqu'il faut decider ſi un effet ſurprenant eſt ou n'eſt pas naturel, c'eſt que la nature ne nous eſt pas dévelopée, & que ſouvent elle ſuit des voyes qu'on ne peut ſans temerité ſe promettre de penetrer. Une infinité de merveilles que les Naturaliſtes raportent, pluſieurs ſecrets que l'on croit ſemblables à celui qui eſt mis en queſtion : tout cela ſe preſente à l'eſprit ; on eſt éblouï, on n'oſe prononcer, ou bien ſi l'on decide, c'eſt quelquefois par des principes qui peuvent fort bien s'accommoder avec le faux.

Pour remedier à cet inconvenient, il faudroit, ce ſemble, établir des principes qui fiſſent voir de quelle maniere s'executent les loix generales des communications des mouvemens. Il faudroit obſerver avec ſoin ce qui ſe rencontre de vrai & de ſingulier dans tous ces effets ſurprenans, dans toutes ces pretenduës merveilles, dans tous ces ſecrets qu'on vante tant. Il faudroit les tirer d'une certaine obſcurité où toutes choſes paroiſſent ſemblables. Il faudroit éclaircir les doutes, reſoudre les difficultez, montrer aux uns que bien des choſes qu'ils croyent vrayes ſont de pures fables, prouver aux autres que leurs principes menent à l'erreur, convaincre ceux-ci de prévention. Mais que cette voye eſt longue! qu'il eſt à craindre qu'on ne revolte les eſprits au lieu de les perſuader, & qu'il n'arrive du moins comme dans ces diſputes academiques, où aprés qu'on a bien contesté de part & d'autre, chacun demeure dans son sentiment.

Je voudrois donc qu'on pût se dispenser de toucher aux principes d'aucun parti, & que par les seules circonstances qui accompagnent les pratiques extraordinaires, on tâchât de découvrir si l'effet est produit par une cause qui agisse toujours de la même maniere, ou si des circonstances purement morales ne la font point varier. Car on peut juger par-là sans beaucoup philosopher, si l'effet est naturel, ou s'il ne l'est pas.

Peut-être trouvera-t'on de la difficulté à examiner ainsi certaines pratiques qui n'osent se montrer, & qui ne sont connuës que de tres-peu de perſonnes ? Mais rien n'eſt plus aiſé que de faire cet examen à l'égard de la Baguette. Elle tourne entre les mains de pluſieurs perſonnes, & l'on ne fait rien qui ne puiſſe être examiné de bien prés.

Il faudroit donc obſerver pluſieurs faits dans des circonſtances differentes, en faire une hiſtoire, & comparer tous ces faits les uns aux autres, auſſi bien que les circonſtances qui les accompagnent, pour juger ſi tout y eſt phyſique ou ſi ce n'eſt point quelque moralité qui détermine la Baguette à tourner. Mais cette hiſtoire doit être faite ſur des faits raportez par des perſonnes qui ne ſe laiſſent pas éblouïr, & qui ont aſſez de bonne foi pour dire tout, & ne rien déguiſer.

Ce ſeroit par exemple s'expoſer à être trompé que de croire quelque choſe ſur la parole des perſonnes qui ont eu la hardieſſe de faire mettre dans le Mercure de Février, que les ſecrets d'Aymar avoient parfaitement réuſſi à Paris, & que chez M. le Prince il avoit découvert l'or & l'argent cachez; au lieu qu'on devoit dire, que les pretendus ſecrets avoient preſque toujours manqué. Qu'à Chantilly la Baguette n'avoit tourné à Aymar en aucun endroit de la terraſſe ſous laquelle la riviere coule. Que dans un autre jardin de M. le Prince on avoit caché de l'or, de l'argent, des cailloux, & du cuivre en quatre endroits differens, & qu'en preſence de S. A. S. la Baguette n'avoit tourné que ſur les cailloux.

Ce ſont-là des faits ſi remarquables & ſi connus qu'on ne devroit ni les taire, ni les déguiſer. On doit encore bien moins omettre le fait ſuivant.

Le du mois à dix heures du ſoir on mene Aymar dans la ruë S. Denis ſur l'endroit même ou peu de tems auparavant un Archer du Guet avoit été tué. Comme on l'avoit percé de quinze ou ſeize coups d'épée, il y avoit répandu tout ſon ſang ; & cela donnoit lieu de croire que cet endroit étoit fort propre pour faire impreſſion ſur Aymar. Armé de ſa Baguette, on le fait paſſer pluſieurs fois ſur le même endroit, mais la Baguette eſt immobile, & ſon ſang n'eſt point agité.

Jamais fait ne fût ni plus authentique, ni moins ſujet à être conteſté. Leurs Alteſſes M. le Prince, & M. le Prince de Conty étoient preſens, accompagnez de M. le Procureur du Roi, &c.

Aprés ces faits & pluſieurs autres de cette nature, je ne m'étonne pas ſi on trouve étrange que l'Auteur de *la Phyſique occulte* n'ait pas laiſſé de dire dans ſa Preface : *Enfin cet homme ſi fameux Jaques Aymar, eſt venu à Paris le 21. de Janvier 1693. par l'ordre d'un grand Prince. Je l'ai vû deux ou trois heures par jour preſque un mois durant ; & on peut croire que dans tout ce tems-là je l'ai tourné & retourné comme je devois. Il eſt certain que la Ba-*

guette divinatoire lui tourne entre les mains sur les eaux, sur les métaux, & sur les traces des voleurs & des meurtriers fugitifs.

Peut-être a-t'on ajoûté *fugitifs*, pour avoir lieu de répondre que si la Baguette n'avoit pas tourné sur l'endroit où l'Archer avoit été tué, c'est que les meurtriers étoient en prison, & qu'ainsi ils n'étoient pas *fugitifs* comme ceux de Lion. Mais la circonstance d'un meurtrier qui marche ou qui est arrêté, peut-elle changer quelque chose dans ce qui doit s'exhaler du sang répandu? Si l'Auteur l'a crû, il devoit ce semble raporter le fait, & y ajoûter ses *exceptions* ou celles d'Aymar, dont la principale est que la Baguette ne tourne pas ſur l'endroit où s'eſt commis un crime, lorſque les coupables ont avoüé leur faute.

Ce manque d'exactitude ſera peut-être cauſe que d'autres perſonnes prenant tout le contre-pied, pretendront que la Baguette ne ſe meut jamais que par un tour d'adreſſe de celui qui la tient. Ils raporteront tous les faits qui peuvent favoriſer ce ſentiment, paſſeront ceux qui montrent évidemment que la Baguette a tourné, ſans qu'il y eut lieu de craindre la fourberie; expliqueront ceux qui pourront ſouffrir quelque interpretation.

Voila comment les hommes ſe trompent les uns les autres, & ſont cauſe qu'on ne ſçait à quoi s'en tenir. Pour moi je ſuis perſuadé que la Baguette tourne quelquefois ſans art & ſans fraude entre les mains de quelques perſonnes ſur l'eau, ſur les métaux & ſur les bornes. J'en ai vû & examiné des experiences avec tant de précaution, qu'il m'eſt impoſſible de croire que j'ai été trompé. Je ne croi pas non plus qu'on puiſſe ſoutenir raiſonnablement qu'Aymar a trompé tous les Meſſieurs de Lion. Les ſeules précautions que prirent M. de Berulle, M. le Lieutenant Criminel, M. le Procureur du Roi, M. le Comte de Varax, & M. de Mongivrol, pour s'aſſurer ſi la Baguette ne tournoit que ſur la ſerpe dont les meurtriers s'étoient ſervis, auroient pouſſé à bout toute l'adreſſe & la fourberie dont Aymar auroit pû être capable.

Quoiqu'il en ſoit, comme les ſyſtémes qui ont donné occaſion aux Reflexions qu'on trouvera dans cet Ouvrage, ſupoſent le fait de Lion, j'ai dû auſſi le ſupoſer & montrer par ce que les Auteurs des ſyſtémes nous aprenent eux-mêmes, qu'on ne peut expliquer phyſiquement les phenomenes de la Baguette, ſi on ſe rend attentif à toutes les circonſtances qui les ont accompagné.

Au reſte ce n'eſt pas une choſe nouvelle que des Philoſophes ayent pris pour effets naturels, des choſes inexplicables, ni que leurs explications ayent trouvé des Aprobateurs. Les Fables & les Pratiques ſuperſtitieuſes qui ont fait quelque bruit dans le monde, ont toujours eu le même ſort. Des Philoſophes ont crû en avoir découvert la raiſon naturelle, & bien des gens leur ont aplaudi, ſe ſont récriez ſur la puiſſance de la nature, ont traité d'ignorans & de ſuperſtitieux ceux qui n'étoient pas de leurs avis.

M. C. Un homme paſſe à Paris, & il ſe donne quatre cens ans. Voila d'abord de groſſes diſſertations pour vous prouver que cela eſt poſſible. On vous prouvera même ſi vous voulez qu'un homme peut vivre toujours, & qu'il y a une certaine fontaine de *Jouvence*, qui a la vertu de rajeunir les vieillards.

Fait-on courir le bruit, qu'il y a une compagnie d'hommes qui attirent à eux les perles &

les pierres precieuſes, devinent les ſecrets les plus cachez, & ſe rendent inviſibles, quand il leur plaît. Les plus ſenſez croyent avec raiſon que c'eſt une Fable. Quelques-uns font des Livres * pour détromper ceux qui ſe laiſſent abuſer. Mais de pretendus Sçavans, ſurpris qu'on oſe avancer que cela eſt naturellement impoſſible : pourquoi, diſent-ils, trouve-t'on cela ſi étrange? *Si on a fait quelquefois des découvertes qui avoient paru impoſſibles comme celles de la bouſſole, des caracteres, des horloges, & tant de ſecrets inventez dans la Medecine, Phyſique, Aſtrologie, faut-il s'étonner que la nature joüant de ſon reſte, & faiſant un amas de toutes ſes forces en ſon dernier âge, nous ait vou-*

* *M. Naudé. Inſtruction à la France ſur la verité des Freres de la Roſe-Croix.*

Chap. 3.

lu faire voir l'épitome de ses merveilles, le nerf de sa puissance, & le centre de toutes ses vertus dans quelques hommes de nôtre tems, en leur communiquant en blot & en masse toutes les vertus & proprietez qu'elle avoit particulierement distribuées à toutes les especes de ses creatures? C'est pourquoi il ne faut point s'émerveiller si comme un Gigés ils se rendent invisibles, comme un Amphion uniones & gemmas ad se alliciunt, *comme un Janus ils jugent du passé, comme un Dédale ils se guindent en l'air, & se transportent de l'Orient à l'Occident, du Midi au Septentrion, par les ressorts de leur Cabale...*

Car, ajoûtoient quelques-uns, *l'homme étant l'abregé & le racourci de toutes les merveilles, le chef-d'œuvre de la nature, re, le microscope dans lequel reluisent tous les miracles de ce grand Univers, & le seul objet capable de donner brante à cette machine, & faire rouler tous ses globes pour enrichir de leurs influences le tresor de leurs perfections; s'il vient une fois à boursouflen les voiles de son travail par le tranmontant de son industrie, il ne se peut faire autrement, qu'il ne pousse le vaisseau de ses recherches avec une tres-heureuse conduite au port de toutes ses intentions.*

Je ne croi pas que pour soutenir la cause de la Baguette, on voulut se servir d'un *verbiage* si ampoulé. Mais combien de personnes qui disent à peu prés le fond de ce qu'on vient de lire, lorsqu'on paroît surpris, qu'une baguette découvre les voleurs, les meurtriers, les bornes des champs, & les choses dérobées ? toujours prêts à opiner pour la nature, il n'est rien qui puisse les étonner. Declarans quelquefois que les secrets de la Physique leur sont impenetrables, ils decident neanmoins comme s'ils y penetroient bien avant ; & soit qu'ils parlent ou qu'ils écrivent, ils s'y prenent d'un air à autoriser un fort grand nombre de pratiques superstitieuses.

Voila ce qui m'a touché, & qui m'a fait lire avec exactitude les nouveaux systémes sur la Baguette. Il m'a paru qu'en suivant les principes qu'on y a établis, on devoit conclure que les phénomenes de la Baguette ne peuvent être produits par l'action des corps. Je l'ai écrit à un ami. J'ai fait voir à quelle cause je croyois qu'on devoit les attribuer, & j'ai tâché de répondre à toutes les difficultez qui ont été proposées.

Je ne dis rien sur le titre. On verra bien d'où vient qu'on apelle *Illusion des Philosophes* un Ouvrage dans lequel on montre que des Philosophes se sont representez des corpuscules en des endroits où ils ne pouvoient subsister, & qu'ils ont crû trouver dans la matiere une vertu qui ne peut lui convenir.

Les Lettres qui precedent ce titre, donneront sans doute du poids à cet Ouvrage, puisqu'il se trouvera apuyé sur le Sentiment de M. l'Abbé de la

Trappe, de M. le Chancelier Pirot, & sur celui d'un Auteur, que les Sçavans ont déja plusieurs fois apellé le premier Philosophe de ce tems.

Si pour donner lieu à tout le monde de porter sur la question presente un jugement décisif, il faloit décrire tous les usages qu'on a faits de la Baguette, montrer son origine, & ce qui a fait naître l'occasion de s'en servir pour découvrir tant de differentes choses, on ne refuseroit pas ce petit travail. On pourroit même en cas de besoin donner un Traité du discernement des effets naturels d'avec ceux qui ne le sont pas; mais il ne sera pas necessaire d'en venir là. Je croi qu'en lisant ou relisant les Observations qui sont dans cet Ouvrage, les Lecteurs feront eux-mêmes des réflexions qui les persuaderont entierement, ou qu'il n'y a que fourberie dans l'usage de la Baguette, ou que le secret n'est pas naturel.

TABLE DES TITRES

ET DES POINTS PRINCIPAUX.

TABLE.

Lettre a Monsieur ***.

IV. Lettre.

Fin de la Table.

Extrait du Privilege du Roi.

PAR Lettres Patentes ſcellées du grand Sceau & ſignées, Par le Roi en ſon Conſeil DE LA RIVIERE ; Il eſt permis à JEAN BOUDOT Libraire à Paris, d'imprimer le Livre intitulé *Lettres de quelques Sçavans touchant la Baguette*, pendant le tems de huit années conſecutives, avec défenſes à toute autre perſonne de l'imprimer ou contrefaire durant ledit tems, aux peines portées par leſdites Lettres. Données à Paris le 14. de Mars 1693.

Regiſtré ſur le Livre de la Communauté des Libraires & Imprimeurs de Paris le 4. d'Avril 1693. Signé, P. AUBOUYN, Syndic.

Achevé d'imprimer pour la premiére fois, le 23. d'Avril 1693.

Errata.

PAge 41. *ligne* 13. Donc les bons, *liſ.* Donc, &c. Les
Page 61. *ligne* 1. toute, *liſez* toutes
Page 62. *ligne* 14. reparer, *liſez* ſeparer
Page 170. *ligne* 26. le flaccon par l'ance, *liſez* le flacon par l'anſe
Page 181. *ligne* 12. aſmoſphere, *liſez* atmoſphere
Page 214. *ligne* 10. paſſe, *liſez* paſſera
Page 220. *ligne* 25. *mettez à la marge* p. 235.
Page 233. *ligne* 26. transfigurans te, *liſez* ſe
Page 236. *ligne* 25. latantur, *liſez* lætantur
Page 237. *ligne* 19. ſirent, *liſez* firent
Page 238. *ligne* 23. entré, *liſez* entrez.
Page 293. *ligne* 25. plus, *liſez* pas.

LETTRES

LETTRES SUR LA BAGUETTE.

Dont on ſe ſert pour trouver de l'eau, des métaux, les bornes des champs, les voleurs, les choſes dérobées, & autres choſes cachées.

LETTRE E'CRITE A L'AUTEUR de la Recherche de la Verité.

A Grenoble le [illegible] Juin 1689.

MON REVEREND PERE,

La grace de JESUS-CHRIST *nôtre Seigneur ſoit avec nous.*

On ſe ſert dans cette Province d'un certain moyen pour découvrir des choſes cachées, ſur lequel j'ai été obligé de dire ma penſée; je voudrois bien qu'elle fût conforme à la vôtre, je deciderois aprés cela plus hardiment que je ne fais, perſuadé que vôtre ſentiment ſera ici d'un tres-grand poids, & qu'on ne peut conſulter une perſonne qui puiſſe avec plus de lumiere decider ſur la difficulté dont il s'agit. Voici ce que c'eſt. Pluſieurs perſonnes trouvent de l'eau, des métaux, des mineraux, les bornes des champs, les chemins perdus, découvrent les larcins, les voleurs, & pluſieurs autres choſes, en tenant entre les mains une Baguette fourchuë qui tourne ſur tout ce que je viens de marquer. On ſe ſert de toute eſpece de bois. Le fait eſt conſtant, & toute la difficulté eſt de ſçavoir ſi cela eſt naturel ou non. La pratique devient ſi commune en tout ce païs, qu'elle merite bien d'être examinée. Ayez donc s'il vous plaît la bonté, Mon R. P. de dire vôtre ſentiment ſur les queſtions ou obſervations ſuivantes.

I. La Baguette tourne ſur l'eau & ſur les métaux. Ce tournoiment eſt-il naturel ? pourroit-on l'expliquer phyſiquement ?

II. Pour diſtinguer ſi c'eſt ſur de l'or, ſur de l'argent, ou ſur quelqu'autre métal, que la Baguette tourne, on met d'un métal dans la main, de l'argent par exemple ; alors s'il y a de l'argent dans la terre, la Baguette continuë à tourner avec plus de force même qu'auparavant ; & s'il n'y a point d'argent dans la terre, quelqu'autre métal qu'il y ait, elle ne tourne plus. Y auroit-il raiſon pour tout cela ?

III. La Baguette ne tourne qu'entre les mains de certaines perſonnes. Que peuvent avoir de particulier ces perſonnes ?

IV. Quelques-uns diſent qu'il faut être né en un certain mois de l'année ; mais j'ai obſervé que des perſonnes nées en divers mois, ont également la vertu de la Baguette. Ainſi Meſſieurs les Aſtrologues ne peuvent avoir recours aux pretenduës qualitez de certaines planetes. Seroit-ce à cause du temperament different & de la differente configuration des parties qui s'exhalent du corps, que la baguette tourne aux uns & non aux autres?

V. La Baguette ne tourne que sur de l'eau cachée dans la terre, & elle tourne sur les métaux, quoiqu'ils soient à découvert. Surquoi fonder cette difference?

Voila où se termine la science de quelques-uns, à connoître qu'il y a dans la terre du métal ou de l'eau, mais il y en a d'autres qui poussent le secret bien plus loin.

VI. Ils connoissent par cette même Baguette quelle est la grosseur de la source, quelle est la profondeur de l'eau, combien il faut creuser pour la trouver. Cela est-il naturel?

VII. Ils pretendent deviner si en creusant on trouvera de la glaise, du sable, de la roche, &c.

VIII. La Baguette tourne sur les bornes des champs, c'est-à-dire, sur quelque pierre que ce soit, pourvû que deux perſonnes ayent convenu de s'en ſervir pour marquer la diviſion d'un champ. Qu'en doit-on penſer ?

IX. Si deux perſonnes conviennent de ne plus ſe ſervir de ces limites, la Baguette ne tourne plus.

X. Si les bornes ont été malicieuſement changées de place, la Baguette tourne ſur l'endroit où elles devroient être. Une infinité de gens font chercher preſentement des limites, & ſur bien des differens on s'en raporte à deux fameux Devins qui courent le Dauphiné avec l'aprobation de pluſieurs Curez. Ne renvoyez pas, s'il vous plaît, M. R. P. la déciſion de cette difficulté à M. le Cardinal le Camus; car outre qu'il ſera bien-aiſe que des Phyſiciens y penſent, il eſt abſent de Grenoble depuis ſept ou huit mois, parce qu'il a prêché l'Avent & le Carême à Chambery, & que ſans avoir pris aucun relâche il fait depuis Pâque la viſite de ſon Dioceſe.

XI. La Baguette tournant dans un champ pour distinguer si c'est sur des bornes, sur des métaux, ou sur de l'eau, voici le secret de ces Devins. Ils se sont aperçû, disent-ils, que l'intention regloit le mouvement de la Baguette. Si l'on veut donc qu'ils cherchent des bornes, ils fixent leurs desirs à la seule découverte des bornes ; & pourvû que leur intention ne varie pas, ils sont seurs que la Baguette ne tournera que sur des bornes, & nullement sur l'eau, ou sur les métaux qui pourroient se trouver en leur chemin. Un de ces Devins auquel j'ai parlé, est encore mieux averti d'avoir trouvé ce qu'il cherche par un mouvement qui n'est pas moins surprenant que celui de la Baguette. Dés qu'il passe sur la borne ou qu'il touche ce qu'il cherche, tous les doigts des pieds se remuent, comme s'ils vouloient se croiser, ou monter les uns sur les autres. Cela est cause que quand le Devin veut sçavoir si un homme a volé, il pose son pied sur le pied de celui qu'on ſoupçonne, pour en juger par l'agitation qu'il ſent au pied plûtôt que par le tournoiment de la Baguette. Voila tout ce que j'ai remarqué de ſingulier dans cet homme ; c'eſt un païſan âgé de vingt-ſept à vingt-huit ans. Il me paroît ſimple, & m'a preſenté une atteſtation de ſon Curé, pour marquer qu'il a fait ſes Pâques dans ſa Paroiſſe, toutes ces hiſtoires étant bien connuës du Curé.

XII. Lorſqu'on cherche un voleur & ce qu'il a volé, la Baguette tourne vers le lieu où ſont le voleur & le larcin, & ne ceſſe de tourner juſqu'à ce qu'on ait atteint l'un ou l'autre. Depuis peu de jours quelques Officiers de Juſtice ont été témoins d'une ſemblable épreuve qui s'eſt faite dans les Priſons de cette Ville, & en un autre endroit.

REPONSE DE L'AUTEUR de la Recherche de la Verité.

MON REVEREND PERE,

La grace de nôtre Seigneur soit avec nous.

Ce que vous m'écrivez de la Baguette ne m'est point nouveau à l'égard de la recherche des eaux & des métaux, mais je n'avois jamais oüy dire, que l'on découvrit par ce moyen les voleurs & les veritables bornes d'un champ ; & je ne pourrois croire qu'il y a des hommes si insensez pour donner dans ces extravagances si vous ne me l'écriviez, & si je ne me souvenois qu'il y a eu autrefois des personnes, qui ne manquoient pas d'esprit, tel qu'étoit Julien l'Apostat, qui pretendoient découvrir le gain d'une bataille ou quelqu'autre évenement par les entrailles des bêtes, & par le vol des oyſeaux. C'étoit dans les Anciens la ſuperſtition qui les avoit inſenſiblement accoûtumez à ces opinions ridicules ; mais en ſupoſant que vos Devins prétendus paſſent pour de bonnes gens, il n'y a qu'une ignorance groſſiere & une exceſſive ſtupidité qui puiſſent leur perſuader que les moyens dont ils ſe ſervent ſoient naturels ou legitimes. Pour moi je les croi diaboliques non-ſeulement par raport à la découverte des voleurs, des choſes dérobées, des bornes d'un champ, mais encore à celle des eaux & des métaux. Je pretends que rien de cela ne ſe peut faire de la maniere dont vous raportez que cela ſe fait, ſans le ſecours de l'action d'une cauſe intelligente, & que cette cauſe ne peut-être autre que le Demon, ſi ce n'eſt qu'il y ait de la fourberie & de l'adreſſe du côté du pretendu Devin.

Il eſt viſible que les cauſes materielles n'ayant ni intelligence, ni liberté, elles agiſſent toujours de la même maniere dans les mêmes circonſtances des corps, ou dans les mêmes diſpoſitions de la matiere qui les environne; & que dans les cauſes purement materielles, il n'y a point d'autres circonſtances qui déterminent leurs actions que des circonſtances materielles; cela eſt certain par l'experience, & même par la raiſon, lorſqu'on reconnoît que les corps n'ont ni intelligence ni liberté, & qu'ils ne ſont mûs que lorſqu'ils ſont pouſſez, & qu'ils ne peuvent être pouſſez ſans être choquez & preſſez par ceux qui les environnent. De là il eſt évident.

1°. Que l'intention que le Devin a de trouver de l'argent ne peut déterminer le mouvement de la Baguette vers l'argent, & empêcher ſon mouvement vers l'eau, ſi elle y étoit veritablement déterminée par l'action d'une ſource; car cette intention ne change point les circonſtances materielles de la Baguette & de l'eau.

2°. Une choſe dérobée demeure

toujours la même que devant, & le crime du voleur ne changeant point le corps, ou le changeant également par des remords de differens crimes, (car quelque supposition que l'on fasse que ces remords troublant l'esprit, changent le corps, il est évident que le remords d'avoir dérobé une poule ne peut agir dans l'esprit tout d'une autre maniere que le remords d'avoir dérobé une canne,) il est clair que la Baguette ne peut se tourner vers le larcin ou le voleur de ce qu'on cherche sans l'action d'une cause intelligente.

3°. La convention de ceux qui prennent une pierre pour borne de leurs heritages, ou qui cessent par un accord mutuel de lui attribuer cette dénomination, n'en changeant point la nature, il est ridicule d'attribuer l'effet physique du tournoiment de la Baguette à la qualité de la pierre.

Ces trois conclusions me paroissent dans la derniere évidence; ainsi tous ces tournoimens de la Baguette viennent certainement de l'action d'une cause intelligente, aparemment de l'adresse & de la fourberie de ces pretenduës bonnes gens, mais peut-être de la malice du Demon; car je ne croi point que les bons Anges fassent de ces sortes de pactes avec les hommes. Ils ne se font point de loi, ils suivent l'ordre immuable, ou la Loi éternelle dans laquelle ils découvrent qu'il n'est pas necessaire que les hommes trouvent quand il leur plaît des métaux & de l'eau. Les Anges raportent toutes choses à Dieu & à nôtre salut: ils y raportent même l'ordre de la nature, & ils ne font rien qui le trouble, rien d'extraordinaire que pour faire connoître & aimer Dieu; mais les Demons tâchent de nous attirer & de nous lier à eux. Leur orgueil leur inspire de regner sur nous, & que nous tenions d'eux les biens temporels qui réveillent nôtre concupiscence. S'ils sont fideles à executer ce qu'on espere d'eux, ce n'est point pour nous élever l'esprit à Dieu, mais pour nous lier à eux de quelque maniere que ce puiſſe être. Ils s'inſinuent par l'aparence de la Juſtice dans l'eſprit des ſimples. C'eſt une bonne choſe que de découvrir les voleurs, ou les choſes dérobées : ils couvrent leurs operations de la puiſſance inconnuë de la nature pour tromper par-là les ignorans, mais de telle maniere que le doute & l'incertitude trouble leur imagination & leur conſcience, & que l'on s'accoutume à un cormmerce qui d'abord feroit trop d'horreur : & ſi ce que vous me mandez n'eſt point une fourberie de gens qui trouvent leur conte à tromper les autres (ce que je croirois volontiers) aſſurément ce ne ſont point les bons Anges, mais les Demons qui font tourner la Baguette.

Il me paroît évident que les corps ne peuvent agir les uns ſur les autres que par leur choc. Vous ſçavez, M. R. P. qu'il n'y a rien qu'on ne puiſſe expliquer par cette ſeule ſupoſition que les corps vont toujours du côté qu'ils ſont pouſſez, & qu'ils ne peuvent être pouſſez que du côté qu'ils ſont rencontrez par d'autres viſibles ou inviſibles qui ſont en mouvement. La vertu de l'ambre & de l'aiman, qui paroiſſent ſi étranges, s'expliquent fort clairement par-là, du moins à l'égard de ceux qui ont étudié ſuffiſament ces matieres.

Or par ce principe qui devroit être reçû de tout le monde comme fort clair & fort ſimple, & qui n'eſt rejetté que de ceux qui manquent d'attention, & qui aiment les principes obſcurs & myſterieux; il ſeroit aſſez facile de démontrer geometriquement qu'il y a de la fourberie & de la diablerie dans le mouvement de la Baguette, ſi on examinoit avec ſoin les proportions de la communication & de l'acceleration des mouvemens de la Baguette. Mais vos Devins ſont ſi temeraires ou ſi ſtupides, que quelque ſupoſition qu'on faſſe, on peut s'aſſurer que leur art n'eſt point naturel.

Car ſupoſez quelle vertu il vous plaira dans l'eau & le bâton fourchu, il me paroît clair que l'eau étant à découvert elle doit agir plus fortement dans la Baguette que lorſqu'elle eſt cachée ſous terre, puiſqu'alors l'eau & la Baguette ſont plus proches ; car la connoiſſance que nous avons de leur découverte ne change rien ni dans l'eau ni dans la Baguette. Il me paroît clair auſſi que qui que ce ſoit qui tienne la Baguette, de quelque maniere qu'on la tienne, quand même on la tiendroit avec des tenailles, elle devroit ſe pancher également, de même que l'aiman agit également ſur le fer, qui que ce ſoit qui le tienne & qui l'en aproche. Que ſi on pretend que le temperament contribuë à l'action de la Baguette (car les défenſeurs de ces folies croyent avoir droit de dire tout ce qui leur plaît) qu'ils expliquent eux-mêmes ce qu'ils veulent dire par le mot de temperament, qu'ils faſſent une objection intelligible, & on tâchera de leur répondre. Si un homme disoit qu'il a vû quelqu'un de tel temperament, qui tenant en sa main un flambeau, il n'éclairoit plus, je pense qu'on auroit raison de n'en rien croire.

Suposez enfin quelle vertu il vous plaira, je dis encore qu'il est impossible de sçavoir la profondeur de la source, & combien on trouvera au-dessus de terre grasse, de sable de roche,&c.ni si la source sera abondante. La preuve en est facile, car une source plus abondante & moins profonde, devroit agir naturellement sur la Baguette autant qu'une plus abondante, mais plus profonde & plus éloignée ; car toutes les vertus naturelles & necessaires agissent inégalement dans des distances inégales ; ainsi elles font necessairement le même effet, lorsque le sujet sur lequel elles agissent est dans des distances differentes, mais reciproquement proportionnelles à leurs forces. Quoique deux flambeaux par exemple, ayent une lumiere inégale, ils peuvent éclaircir également un un objet, si on le supose plus proche du petit flambeau que du grand; ainsi on ne peut juger de la profondeur d'une source qu'en suposant connuë son abondance, ni de son abondance que par la connoissance de la profondeur; & quoiqu'on supose des vertus attractives, c'est-à-dire imaginaires dans l'eau ou les métaux, par raport à une Baguette fourchuë, il est impossible de juger de leur profondeur; & encore moins s'il y a de la terre glaise, du sable & de la roche, ainsi que le prétendent vos Devins ou vos fourbes.

N'en voila que trop, M. R. P. car je suis persuadé par vôtre Lettre même que je ne vous ai dit rien de nouveau, & que vous ne m'avez demandé mon sentiment, que parce que vous avez crû qu'il serviroit peut-être à apuyer le vôtre à l'égard de quelques personnes.

Il me semble qu'il ne faudroit point negliger ces choses, & qu'on devroit empêcher que ces pretendus Devins ne trompassent les simples, ou ne troublassent la conscience de ceux qui dans le doute font un fort grand mal d'avoir recours à eux.

DIFFICULTEZ PROPOSE'ES à l'Auteur de la Recherche de la Verité.

MON REVEREND PERE,

La Réponse que vous avez eu la bonté de me faire produit un fort bon effet, & j'en espere encore davantage, si vous prenez la peine de nous donner quelques éclaircissemens, & de decider sur les doutes que je vais vous exposer.

On peut distinguer trois choses touchant la Baguette : 1°. Le mouvement de la Baguette à l'égard des bornes, des voleurs, & des choses dérobées : 2°. Le mouvement de la Baguette sur les eaux & les métaux : 3°. La cause de ces mouvemens que vous croyez diabolique.

Quoique vous portiez le même jugement des eaux & des métaux, que des bornes d'un champ & des vols, je vous prie d'agréer que je les distingue presentement, & que nous suposions comme une chose tres-certaine, que la Baguette tourne entre les mains de plusieurs personnes, sans qu'il y ait lieu de se défier de quelque fourberie.

Du mouvement de la Baguette à l'égard des bornes, des voleurs & des vols.

IL m'a toujours paru qu'on pouvoit démontrer en toute maniere que le tournoiment de la Baguette à l'égard des bornes, des voleurs & des choses dérobées, n'avoit aucune cause materielle, & que ce n'étoit pas-là de ces effets qu'on apelle naturels, physiques, produits en consequence des loix naturelles. Je l'avois ce me semble démontré, & vous le faites, mon R. P. avec la netteté, la penetration & l'exactitude qui vous sont ordinaires. Je ne voyois pas même qu'on put opposer rien de solide. Je n'ai garde de vous proposer ce que font valoir quelques personnes ; vous ririez sans doute d'entendre parler d'instinct, de faculté, de sympathie, de constellation, & de semblables choses que les diseurs de mots sçavent faire admirer aux bonnes gens, & à ceux qui aiment les mysteres. Mais voici quelques objections qui paroissent plus raisonables, & ausquelles il est à souhaiter que vous fassiez un mot de réponse pour la satisfaction de bien des gens.

Seroit-ce, dit-on, en vertu de quelque pacte que la Baguette tourneroit ? Mais 1°. à quoi pourroit être attaché ce pacte ? nulle parole, nulle figure, nul caractere : ceux à qui la Baguette tourne sont pour la plûpart de bonnes gens, simples, qui n'y entendent point de finesse, qui se sont aperçû par hazard, disent-ils, de cette faculté, qui ont peur du seul mot de pacte avec le Demon, &

qui ne se serviroient jamais de la Baguette, si tous ceux qu'ils ont consulté & qu'ils consultent, leur disoient qu'il y a du mal. Quelle aparence donc de croire ces personnes coupables de quelque pacte avec le Demon?

2°. Dés qu'une chose telle que pourroit être la Baguette produit un effet déterminé en vertu d'un pacte exprés ou tacite, cet effet doit être produit entre les mains de quelque personne que ce soit; car pourquoi le même pacte n'opereroit-il pas de même maniere dans les personnes qui ont les mêmes desirs, les mêmes intentions? Cependant de cent personnes qui essayeront si la Baguette leur tourne, & qui souhaiteroient même de bonne foi qu'elle leur tournât, il n'y en aura pas deux à qui elle tourne. Il n'en est pas de même de quantité d'effets que produisent bien des gens de la campagne par certaines paroles ou figures; il en est peu qui en usent sans operer les mêmes effets.

3. Ne seroit-ce point ici quelqu'un de ces dons particuliers que Dieu communique quelquefois aux hommes ? Les septiémes enfans mâles, disent quelques-uns, ne guerissent-ils pas des écroüelles ? Enfin pourquoi se mettre tant en peine de chercher la cause des effets de la Baguette ? on sçait que Dieu peut les produire ; l'usage qu'on en fait n'a rien de mauvais : que reste-t-il donc pour se mettre au dessus de tout scrupule, que de renoncer à tout pacte s'il y en avoit ?

Vos Réponses, mon R. P. feront sans doute évanoüir ces difficultez.

Du mouvement de la Baguette sur les eaux & les métaux.

1. IL est certain qu'on ne sçauroit connoître par des regles physiques la profondeur de l'eau, la grosseur de la source, combien on trouvera de roche, de sable, &c. Il n'est personne qui ne doive être persuadé de ce que vous en dites.

2°. A l'égard des personnes ausquelles la Baguette tourne sur les bornes aussi bien que sur les sources, tout m'est suspect ; parce qu'il y a lieu de croire que la même cause qui fait tourner la Baguette entre leurs mains sur les bornes, l'a fait aussi tourner sur les eaux.

3°. Mais lorsque je voi des personnes de pieté & de merite ausquelles la Baguette ne tourne que sur des sources ; n'est-ce point ici, me dis-je, un effet purement naturel ? le Demon agiroit-il dans ces personnes qui le renoncent de si bon cœur ? J'hesite, je n'ose condamner, & voici mes raisons.

Il n'en est pas de l'eau comme d'une borne ; l'eau est un corps physique, indépendemment de toute pensée, & de la communication des hommes, la Baguette est un corps : Or entre les corps il y a des communications de mouvement que je ne connois pas ; il y en a donc peut-être quelqu'une entre l'eau & la baguette qui ne m'est pas connuë, & ainsi je ne puis la nier abſolument comme impoſſible ; peut-être les vapeurs qui s'élevent de l'eau, cauſent-elles ce mouvement ? ne pourroit-on pas en dire de même des petits corps que les métaux exhalent ?

Objection & Réponſe.

Mais, dit-on, les corps agiſſant neceſſairement, ils doivent toujours agir de la même maniere dans les mêmes circonſtances. J'en conviens. Donc ſi l'eau fait mouvoir la Baguette, elle la doit mouvoir par tout où elle ſera, & par qui que ce ſoit qu'elle ſoit tenuë. La conſequence ne me paroît pas neceſſaire. Differentes mains ſont des circonſtances differentes. On pourroit faire voir par pluſieurs experiences, que s'il y a quelque communication de mouvement entre deux corps, elle peut être interrompuë par un troiſiéme corps, & en quelque rencontre un troiſiéme corps pourroit cauſer du mouvement entre deux corps qui n'en avoient pas, l'un vers l'autre, le mélange des liqueurs pourroit fournir de ſemblables experiences ; nous

nous n'en manquerions pas chez les Chymiſtes.

Il me paroit clair que les mains de differentes perſonnes peuvent donner occaſion à des mouvemens differens. 1. La tiſſure de ces mains eſt differente, 2. les pores en ſont differens, 3. le flux perpetuel de corpuſcules qui s'en exhalent, eſt tout different : ces petits corps ſont differens en groſſeur, en figure, en viteſſe, ſelon la differente configuration des parties du ſang. Cette difference du ſang & des parties qui s'évaporent du corps, ſe preſente, ce me ſemble, neceſſairement à l'eſprit, dés qu'on penſe à la difference qu'il y a entre les hommes ſanguins & les pituiteux, ou les melancoliques, &c. Cela étant ſupoſé, ne pourroit-on pas dire que ces petits corps qui ſortent de l'eau, ne produiroient un tel effet que lorſqu'ils ſe mêlent avec ce qui s'exhale des mains de telles perſonnes ?

Vous voyez apparemment, M. R. P. de quelle maniere je m'y prendrois, si on me pressoit d'expliquer comment se fait le mouvement de la Baguette, en suposant; 1. une évaporation tres-abondante des parties de l'eau; 2. un écoulement de corpuscules des mains de celui qui tient la Baguette; 3. cette même Baguette susceptible d'agitation à l'occasion des corps qui s'insinueroient dans ses pores. J'entreprendrois seulement d'expliquer comment la chose se peut faire, & non pas comment elle se fait; c'est tout ce qu'on doit exiger d'un Physicien. Je ne pretens pas pour cela que ce tournoiment de la Baguette soit physique, je dis seulement qu'il pourroit l'être, & je soûmets avec plaisir à vôtre censure les raisons que j'ai de le penser ainsi.

Vous vous attendez sans doute, M. R. P. à me voir embarassé sur ce que la Baguette ne tourne que sur l'eau qui est cachée. Il est vrai j'y sens de la difficulté; & voici seulement surquoi je tâcherois de me tirer d'affaire. J'aperçois quelque difference entre les parties qui sortent de l'eau qui eſt cachée, & celles qui ſortent de l'eau qui eſt à découvert. Celles qui ſortent de l'eau ſouterraine ſont comme filtrées, elles ont laiſſé dans la terre ce qu'elles avoient de plus groſſier & de moins flexible, il n'en monte guere que ce qu'il y a de plus ſpiritueux; ainſi elles pourront peut-être produire un effet dont celles qui s'élevent de l'eau à découvert, ſans cette eſpece de filtration, ſeroient incapables. Il ne me vient rien de meilleur preſentement. Venons s'il vous plaît, M. R. P. à des difficultez qui me ſont particulieres, & qui me tiennent plus au cœur que tout le reſte, parce qu'elles ont plus de connexion avec la Religion.

De la cauſe du mouvement de la Baguette vers les bornes & les larcins.

QUelques perſonnes qui ne croiront pas s'éloigner de vos principes, penſeront peut-être qu'il y a lieu d'attribuer aux bons Anges le mouvement de la Baguette. Si les Anges, diront ces perſonnes, peuvent être la cauſe de pluſieurs effets par leur ſeule volonté, s'ils peuvent remuer les corps, pourquoi ne pourront-ils pas faire tourner la Baguette pour découvrir les voleurs & les bornes ? Ils ne feront rien en cela contre l'ordre, ils uſeront ſeulement de leur pouvoir pour un bien en faveur des hommes. En découvrant les bornes, ou le lieu où elles doivent être, ils donneront à chacun ce qui leur apartient, & ils empêcheront que bien des gens ne ſoient aſſez malins pour déplacer les bornes. En découvrant les voleurs, on voit bien qu'ils épargneront bien des larcins, & que ceux qui auroient eſperé de voler impunément, aprehenderont toûjours que la Baguette ne découvre ce qu'ils auroient dérobé ſans témoins. Ainſi cela empêchera bien des injuſtices, bien des pechez ; ce qui eſt tout-à-fait digne des bons Anges. Ils ne ſe feront pas pour cela rendre un culte qui n'eſt dû qu'à

Dieu, au contraire ils feront toujours aimer & reſpecter Dieu comme la premiere & veritable cauſe de tous ces mouvemens, & en même-tems ils feront exercer la juſtice & aimer l'ordre. Il paroît donc bien raiſonnable d'attribuer le mouvement de la Baguette aux bons Anges; & de nous en ſervir par conſequent ſans ſcrupule, comme nous uſons des biens que Dieu nous fait par les hommes, par le ſoleil, par les plantes, & par les autres creatures. Voyez, M. R. P. s'il ne ſeroit pas à propos de diſſiper ces petits nuages pour fermer entierement la bouche à ceux qui ſeroient ravis de pouvoir ainſi juſtifier la Baguette.

Pour moi, mon Reverend Pere, je ſuis tout-à-fait de vôtre ſentiment, je ne reconnois comme vous d'autre cauſe du mouvement de la Baguette ſur les bornes & les larcins que le Demon, non plus que des effets ſurprenans que produiſent les Magiciens (l'Ecriture & l'experience ne nous permettent pas de les revoquer tous en doute ;) mais voici mes difficultez. Je ſupoſe ces beaux principes que c'eſt Dieu qui eſt le ſeul vrai moteur des corps, qu'il fait tout par ſa volonté efficace, & qu'il ne communique ſa puiſſance aux creatures qu'en les établiſſant cauſes occaſionelles. Je n'en donne aucune preuve, puiſque j'ai l'honneur de parler à la perſonne que je pourrois apeller la cauſe occaſionelle de la connoiſſance de ces veritez ; cela ſupoſé, je cherche

1°. D'où vient que les Demons font produire aux hommes tant d'effets ſurprenans. Comment dans un inſtant, & en tant de lieux differens ils produiſent tous ces effets, dés que telles perſonnes le ſouhaitent ; j'aurois toujours pris pour des fables les hiſtoires des Demonographes, & preſque tout ce qu'on entend conter de ſurprenant, ſi je ne m'étois bien informé depuis peu d'un fort grand nombre de ſuperſtitions qui ont cours parmi le peuple. Mais quand je ne ſerois convaincu que du tournoiment de la Baguette ſur les bornes, que de difficultez viennent ſe preſenter à l'eſprit ! il faut que les Demons ayent obſervé qu'une telle pierre a été priſe pour borne, & qu'on n'a point rompu cet accord ; il faut qu'ils ſe ſoient aperçûs ſi quelqu'un a tiré cette borne de ſa place, & qu'ils ayent bien preſent le lieu où on l'avoit miſe il y a peut-être mille ans ; enfin il faut qu'ils ſçachent parfaitement l'hiſtoire de toutes les bornes des champs. Ne ſemble-t-il pas que les Demons ſont par tout, qu'ils connoiſſent la volonté des hommes, qu'ils écoutent toutes leurs paroles, & qu'ils remarquent toutes leurs actions ? à moins que nous ne diſions que les Demons n'ayant pas fort à cœur la verité ni la droiture, ne feront pas de difficulté de tromper quelquefois les hommes ; ce que je croi fort, & qu'ils feront tourner la Baguette où il leur plaira s'ils ſe trouvent dans l'embaras.

2°. Les Anges bons & mauvais

n'étant que des causes occasionelles du mouvement, c'est donc Dieu lui-même qui produit les malefices, & tous les autres effets que nous attribuons au malin esprit. Faut-il qu'on puisse dire que Dieu s'est fait une loi generale d'agir conformément aux desirs bizarres des Demons? Que la volonté des Anges détermine l'action de Dieu; je n'y voi pas d'inconvenient. Comme ils contemplent sans cesse l'ordre immuable & qu'ils le suivent, ils reglent leurs volontez sur celle de Dieu. Mais les Demons esprits de desordre, ayant toujours, ou presque toujours des desirs opposez à ceux de Dieu, n'est-il pas surprenant que Dieu s'y accommode & les rende efficaces?

3°. Il est rare que Dieu fasse rien d'extraordinaire, il ne change pas ses loix generales pour défendre l'innocent opprimé. Dans les combats le plus adroit & le plus fort est ordinairement le victorieux. Dieu n'empêche pas qu'un honnête homme ne se casse la tête en tombant. Il laisse punir l'innocent, & recompenſer le coupable. Il laiſſe tomber un homme du haut d'une maiſon, il le laiſſe briſer, quoique pluſieurs perſonnes ſouhaitent la conſervation de ſa ſanté; & à la volonté d'un méchant homme, d'un ſorcier, jointe à celle du Demon, Dieu produira je ne ſçai combien d'effets contraires aux loix generales! Je dis contraires aux loix generales; car les loix generales des communications des mouvemens, vous le ſçavez mieux que moi, M. R. P. veulent qu'un corps ne ſoit mû que par le choc d'un autre corps; & ici je voi remuer une Baguette, je la voi pancher vers une borne, quoique tres-certainement aucun corps ne la pouſſe. Suffiroit-il de dire, que Dieu avoit donné aux Anges en les créant le pouvoir de remuer les corps? Je l'entens dans les bons principes: j'apelle ainſi les vôtres; & qu'il laiſſe ce pouvoir à ceux-mêmes qui déreglez par le peché, devoient en faire un méchant uſage; mais s'ils avoient ce pouvoir general, comment n'en uſeroient-ils pas à l'égard de tous les hommes pour les gagner, pour les attirer à eux, pour les perdre ? Dirons-nous que Dieu a reſtraint leur pouvoir ; mais où trouverons-nous la preuve ou la regle de cette reſtriction ? D'ailleurs que Dieu ait reſtraint le pouvoir des mauvais Anges ; je le veux, c'eſt-à-dire qu'il leur ait défendu par exemple, de tuer tous les hommes, du moment qu'ils viennent dans le monde, ou de renverſer l'ordre des ſaiſons ; je conçoi la poſſibilité de cette reſtriction, comme je conçoi celle du pouvoir qu'a mon ame : elle peut mouvoir le bras, la main, les doigts, les pieds ; elle peut déterminer les eſprits animaux à aller par tout le corps, & elle ne peut arrêter la circulation du ſang, hâter ou retarder la digeſtion ; mais au moins comme l'ame fait mouvoir les pieds & les mains quand elle veut, ainſi les Demons devroient-ils produire quand ils voudront tous les effets qui ne paſſent pas leur pouvoir. Comment donc ne feront-ils pas tourner la Baguette à tous ceux qui le ſouhaiteront, ou ne produiront-ils pas des effets nuiſibles? Certainement ils ne manquent ni de malice, ni d'envie d'attirer les hommes à eux; dirons-nous que les bons Anges les en empêchent? Mais ces bons Anges ne défendroient-ils pas plûtôt les bonnes gens, ſimples, ſans malice, que des ſcelerats, des impies? cependant je voi des gens qui paroiſſent portez à l'irreligion & à l'impieté qui ne ſçauroient faire tourner la Baguette.

Enfin il me ſemble que je voi bien des difficultez : vous les penetrerez & les reſoudrez beaucoup mieux que moi. Je finis, M. R. P. par une difficulté qui me rend rêveur. Supoſé que tous les Anges prévaricateurs ſouffrent les peines de l'Enfer comme la commune opinion l'enſeigne. Comment eſt-ce que des eſprits apliquez & tourmentez par une douleur inconcevable, ſont capables d'une aſſez grande aplication pour produire tous ces differens effets ? l'histoire seule des bornes demanderoit une aplication extraordinaire, & c'est une étude qui n'a pas de grands attraits. Le détail d'une infinité de choses badines qu'ils font, ne sçauroit s'ajuster dans mon esprit avec des douleurs si terribles. Il faudra aparemment conclure de là, pour le sentiment de ceux qui tiennent que tous les mauvais Anges qui sont dans les airs & parmi nous, que saint Paul appelle les puissances de l'air, & les Princes de ces tenebres, ne souffrent pas. Mais j'ai déja passé les bornes d'une Lettre; je vous prie de me le pardonner, & d'être persuadé que je suis, &c.

RE'PONSE DE L'AUTEUR de la Recherche de la Verité.

MON REVEREND PERE,

Vous me faites tant d'objections contre ce que je vous ai écrit, & vous me proposez tant de nouvelles questions, qu'il faudroit, outre bien du loisir que je n'ai pas, mais que je pourrois peut-être prendre, une capacité que je ne pretens point d'avoir jamais. Ainsi ne soyez pas surpris si je ne suis pas vôtre Lettre pied à pied. Il faudroit assurément plus de cent pages pour y répondre exactement, & ma Lettre seroit un Livre. Mais voici ce que je croi certain, & qui peut servir de principe pour juger de ce qui se passe chez vous.

1°. Les Anges bons & mauvais ont pouvoir sur les corps comme causes naturelles ou occasionelles. Vous entendez ces termes.

2°. Les bons ont part au gouvernement du monde, & ils ont commission de Dieu pour cela.

3°. Les bons ont un pouvoir plus étendu que les méchans, & ils ne permettent aux Demons l'exercice de leur pouvoir, qu'autant qu'ils les jugent à propos. Ces principes me paroissent certains par l'Ecriture, & vous en sçavez les preuves.

Les Demons ont donc le pouvoir de nous tenter; ils ont bien tenté l'homme innocent. Ils ont même tenté le Sauveur; ils l'ont transporté d'un lieu en un autre. Il semble que les Anges ne devroient pas le souffrir; du moins cela seroit-il fort commode pour nous. Mais les Anges ont pour cela leurs raisons que nous ne sçaurons jamais bien, & que nous ne devons point rechercher; parce que nous ne pouvons point nous assurer de les avoir rencontrées. Il faut laisser cela à ceux qui se plaisent à deviner au hazard. Nous ſçavons bien qu'il faut en general que les hommes ſoient éprouvez, qu'il faut qu'ils combattent pour meriter, que le Demon attaque pour être vaincu, & le reſte; mais j'avouë que je ne ſçai point d'où vient que les Anges & JESUS-CHRIST même qui a reçû la ſouveraine puiſſance, n'empêchent pas telle ou telle tentation. Je ſçai que les bons Anges ne ſont tels que parce qu'ils font de l'ordre immuable ou de la loi éternelle la regle de leur conduite; mais je ne ſçai point quand il eſt de l'ordre de laiſſer aux Demons l'exercice de leur puiſſance.

Les Demons peuvent donc être les acteurs inviſibles des prodiges de la Baguette. Et ſi cela eſt, quoique les Anges les laiſſent faire, les hommes ſont obligez de les empêcher. Et ils le peuvent; car quoique nous n'ayons point de pouvoir ſur les Demons, nous en avons ſur les hommes dont ils ſe ſervent. Les Anges ont laiſſé tenter la femme par le ſerpent, ſans bleſſer en cela l'ordre immuable;

mais ſi quelqu'un eût été preſent à cette tentation, certainement il auroit dû l'empêcher. Dieu ne gouverne pas le monde ſeulement par le miniſtere des Anges, il le gouverne par les hommes & par toutes les cauſes ſecondes. Ce que les hommes peuvent faire, il n'eſt pas à propos que les Anges le faſſent. La providence ordinaire conſiſte dans la ſubordination des cauſes : il faut donc que chacun empêche le mal ſelon ſon pouvoir, & qu'il agiſſe ſelon ſa lumiere interieure, ſelon ſa conſcience. Car les Anges n'interrompent jamais ſans de grandes raiſons le cours majeſtueux de la providence generale, ils ne font point de prodiges à tous momens, comme tâchent de faire les Demons ; ils laiſſent agir les cauſes ſecondes ſelon la puiſſance qu'ils en ont de Dieu en conſequence des loix generales.

Or que le mouvement de la Baguette ne ſoit point l'effet des bons Anges, mais des méchans, en voici ce me ſemble des preuves ſuffiſantes.

Les

Les bons Anges ne font & ne doivent rien faire parmi nous que pour nous porter à Dieu, & jamais pour nous occuper des corps, & encore moins des proprietez merveilleuſes d'une nature imaginaire. Car l'ordre immuable eſt la regle de leur conduite, & cet ordre leur apprend que Dieu ſeul eſt nôtre fin. Or vos Devins pretendent à l'égard de la plûpart de leurs découvertes que tout cela eſt naturel. Donc les bons Anges ne troublent jamais l'ordre de la providence generale ſans de grandes raiſons. C'eſt pour cela qu'ils laiſſent ordinairement vaincre celui qui eſt le plus fort, quoiqu'injuſte & brutal ; qu'ils empêchent rarement un homme de bien de ſe caſſer la tête s'il tombe de fort haut, & une infinité de ſemblables deſordres ; mais vos Devins font des prodiges pour découvrir une borne, une ſource, de l'or & de l'argent, objets de la concupiſcence des hommes ; ils découvrent ce que les hommes par leurs enquêtes peuvent découvrir. Et cela non une fois ou deux, & pour quelque raison pressante, mais toutes les fois que le Devin le souhaite; mais quand les hommes ne pourroient pas découvrir le voleur par leurs enquêtes, les bons Anges ne seroient point pour cela obligez d'y pourvoir. Si les hommes faisoient comme autrefois les épreuves de l'eau & du feu, &c. pour se purger des accusations imposées, les Anges ne seroient point obligez pour conserver les innocens d'empêcher l'effet naturel de ces élemens. Souvent lorsque les champions se battoient en duel pour prouver leur innocence, les injustes accusateurs demeuroient les victorieux, & ce n'est pas sans raison qu'on a condamné dans les Conciles ces dangereuses épreuves, qui d'ailleurs sembloient honorer la Providence, puisque dans la necessité où l'on étoit, on avoit quelque sujet de s'attendre que Dieu par une volonté particuliere, ou les Anges en consequence de leur pouvoir & de leur commission, fissent quelque prodige en faveur des innocens. C'est qu'il est contre le respect dû à Dieu & même aux Anges, de pretendre qu'ils doivent nous secourir dans le temps & de la maniere que nous leur prescrivons. Ces raisons suffisent, ce me semble, pour empêcher ceux qui ont horreur d'avoir avec le Demon quelque commerce ou quelque raport, de se servir de la Baguette ; car il suffit pour cela que mes raisons soient vrai-semblables : dans le seul doute de ce commerce, c'est un grand peché que d'agir.

Mais bien loin de douter, je suis convaincu de la diablerie, du moins si les choses sont comme vous me l'écrivez ; car enfin, M. R. P. il me paroît certain que la découverte de l'eau, de l'or, & de l'argent, telle que vous me l'écrivez, n'est point naturelle ; je veux dire, une suite des loix generales du mouvement. Car puisque vos Devins par leur Baguette découvrent des choses qui dépendent uniquement de la convention des hommes, pure moralité qui ne change rien dans l'arrengement & les circonſtances des corps, n'eſt-ce pas une marque certaine que leur Baguette eſt conduite par une intelligence, qui à l'égard de la découverte de l'eau & des métaux, ſe cache ſous les aparences d'une nature dont nous ne connoiſſons pas les merveilles, & qui ſe découvre viſiblement en faiſant connoître les choſes dérobées, les bornes, les chemins perdus, &c. afin de troubler la conſcience des hommes ?

Ceux qui de bonne foi ſe ſervoient de la Baguette pour trouver de l'eau, ne pêchoient point n'agiſſant point contre les remords de leur conſcience; que fait le Demon pour y jetter le trouble & pour exciter la cupidité ? Il fait trouver de l'or & de l'argent; & parce que bien des gens peuvent encore ſans remords, à cauſe de leur ignorance touchant les forces pretenduës de la nature, ſe ſervir de la Baguette pour chercher de l'or & de l'argent, le Demon va jusqu'à découvrir des voleurs & leur larcin, afin d'exciter la curiosité des hommes, & donner même aux plus stupides des soupçons qu'il est de la partie; & que la curiosité & la cupidité étant réveillées, ils s'aveuglent volontiers & agissent dans le trouble d'une conscience mal assurée nonobstant les remords secrets. Que faire donc dans cette rencontre? Se servir des dernieres démarches du Demon pour condamner generalement tous les usages de la Baguette. Le Demon s'est coupé, il a découvert tous ses artifices; car il est visible qu'il a agi par degrez, & que non content de ces premiers usages de la Baguette, il est venu jusqu'au point que vous me mandez. Ainsi puisque c'est le même acteur qui a perfectionné son ouvrage, on ne peut & on ne doit condamner une partie des usages de la Baguette sans les condamner tous; car on doit avoir une horreur generale de tout ce qui vient de celui que Dieu a frapé d'un anathême éternel.

Ce n'eſt pas, M. R. P. qu'on ne puiſſe reconnoître certainement que la découverte de l'eau même & des métaux par le mouvement de la Baguette, n'eſt point naturelle ; mais c'eſt que pour inſtruire les gens par cette voye, il faudroit leur aprendre la Phyſique, ſcience abſtruſe, & qui demande plus de loiſir & de travail que n'en ont ceux qui ſont obligez de remedier à ce deſordre ; & ils feroient tant d'objections fondées ſur leur propre ignorance des vrais principes de la Philoſophie, que ce ne ſeroit jamais fait. Pour vous, M. R. P. vous ſçavez qu'un corps n'eſt jamais mû par un autre s'il n'en eſt pouſſé, & qu'ainſi le mouvement d'attraction eſt une chimere.

Cela ſupoſé, & que vous avez lû ce que dit Monſieur Deſcartes ſur l'aiman, ou ce qui en eſt dit dans le penultiéme chapitre de la Recherche de la Verité ; imaginez tel cours qu'il vous plaira de la matiere inviſible, & vous trouverez toujours que cette matiere ſubtile ne chaſſera jamais en rond, mais par les poles l'air qui ſera entre l'or & la Baguette ; ſi ce n'eſt que vous ſupoſiez que Dieu en produiſe ſans ceſſe de rien dans le centre de cet or.

2. Que les loüis d'or devroient agir les uns ſur les autres, s'attirer ou ſe repouſſer comme les aimans agiſſent mutuellement l'un contre l'autre ; car même ſi l'aiman agit ſur le fer, c'eſt que dans le fond, l'aiman eſt preſque tout fer.

3. Qu'un loüis d'or eſt un corps trop petit & trop compact pour recevoir en lui une aſſez grande quantité de matiere ſubtile pour chaſſer l'air d'entre lui & la Baguette, & la faire avancer. Il faudroit un bon aiman & gros comme la tête pour mouvoir un aiman à deux pieds de diſtance, quoique la matiere ſubtile qui paſſe par l'aiman ait une agitation prodigieuſe.

4. L'argent n'eſt pas compoſé comme l'or, & l'eau encore bien moins : ce ſont deux corps de diffe-

rente tissure ; ils ne peuvent donc pas avoir un pareil écoulement de matiere subtile.

5. Ce que les hommes transpirent, est à-peu-prés de même nature ; mais que ce soit tout ce qu'il vous plaira d'imaginer, il n'est pas possible que cela ferme dans la Baguette les passages de cette matiere subtile qu'on suposeroit sortir des métaux, & dont le mouvement devroit être excessif. Enfin, M. R. P. de quel côté que vous envisagiez ces effets, vous y trouverez toûjours de nouvelles impossibilitez ; de sorte que plus vous les examinerez, plus vous reconnoîtrez qu'ils ne sont point naturels.

A l'égard de la cire d'Espagne, de l'ambre, &c. ils n'attirent que des corps fort legers & de fort prés ; & afin qu'ils attirent, il faut les frotter un peu rudement. Or on voit bien qu'en frottant l'ambre contre le tapis, on en ébranle les particules ; ces particules étant agitées, elles chassent l'air subtil qui étoit entr'elles ; enfin ces mêmes particules cessant

ſant peu à peu leur mouvement, l'air chaſſé rentre auſſi peu à peu, & entraîne dans ſon cours & colle à l'ambre les brins de paille proche de lui, & les tient attachez, juſques à ce que tout l'air ſubtil ſoit rentré. Ces effets-là ſont ſi éloignez de ceux de la Baguette, qu'il n'eſt pas raiſonnable de s'en ſervir pour en autoriſer l'uſage. Je ſçai bien qu'on reviendra toujours à dire que nous ne connoiſſons pas les ſecrets de la nature, & qu'ainſi ce n'eſt pas à nous à juger de ce qui eſt ou n'eſt pas naturel : à quoi je répons que Simon n'avoit qu'à dire que c'étoit naturellement qu'il s'élevoit dans les airs. Je répons qu'à la Chine il y a des mouches qui naturellement enlevent les hommes, ou trainent des chariots ; & ceux qui me répondront que cela n'eſt point naturel, ſe contenteront s'il leur plaît de ce lieu commun, qu'ils ont tort de juger des ſecrets merveilleux de la nature.

Voila, M. R. P. une Lettre bien longue, & qui vous ſera bien ennuyeuse. J'en juge par moi-même, & cependant je ne réponds point à bien des questions que vous me faites. Je vous prie de ne le point trouver mauvais ; car je suis persuadé que vous ne me les faites pas comme ayant besoin de mes Réponses ; mais parce que quelques personnes ont souhaité que vous me les fissiez. Qu'ils se contentent des vôtres, elles valent mieux que les miennes, & vous pouvez plus facilement les dire que moi les écrire. Je suis, &c.

Lettre de Monsieur l'Abbé de la Trappe, à Monsieur l'Abbé de Malebranche.

IL y a long-tems que je vous fais attendre, Monsieur, une méchante Réponse à la Lettre que vous avez pris la peine de m'écrire. Je l'ai lûë & relûë, & je l'ai fait lire à des gens plus habiles que moi ; tous sont entrez dans mon sentiment qui n'est gueres different du vôtre.

Je crois qu'il ſe peut faire par une vertu naturelle que la Baguette ſe remuë ſur l'eau & ſur les métaux, qu'elle les découvre & qu'elle les faſſe connoître. Cela ne paroît pas être au deſſus des forces de la nature, & ne ſeroit pas plus extraordinaire que le mouvement de l'éguille qui a été touchée d'une pierre d'aiman. Mais que la Baguette ſe remuë, qu'elle deſigne un voleur entre ceux qui ne le ſont pas, quelle marque une borne qui a été changée, & qu'elle ne la marque point lorſqu'on n'a plus l'intention de la trouver; c'eſt ce qui eſt impoſſible à la nature; car ce voleur n'aquiert pas par ſon larcin aucune qualité phyſique, non plus que cette pierre qui a été ôtée de ſa place. On peut dire la même choſe de cette intention qui a été retractée; la nature ne ſe peut étendre juſques-là: Comme elle n'a ni connoiſſance ni liberté, elle agit toujours de la même maniere, ſi ce n'eſt qu'elle en ſoit empêchée par des rencontres purement phyſiques:

ce qui ne ſe trouve point dans les cas que nous venons de marquer.

Ainſi il faut que tout le monde demeure d'accord que ces connoiſſances ne ſont point naturelles, & qu'il faut qu'elles viennent ou des Anges ou des Demons. Que ce ſoit du côté des Anges, cela n'entrera dans la penſée de perſonne, & juſqu'ici on n'a point vû que Dieu ſe ſoit ſervi de leur miniſtere pour de telles choſes.

Il n'en eſt pas de même des Demons, de qui la malignité a été de tout tems appliquée à ſeduire les hommes par des charmes, des preſtiges & des enchantemens continuels; car il ſe peut dire que le propre du Demon eſt de tromper le monde, & de s'en attirer la creance, & particulierement en aprenant l'art de deviner à certaines perſonnes qui s'abandonnent à lui.

C'eſt une mauvaiſe raiſon pour juſtifier cette conduite deteſtable, de dire que ce ſont des gens ſimples qui ſervent à ces ſortes de découvertes;

car on ſçait que ce ſont ceux-là auſquels le Demon s'adreſſe plûtôt qu'aux autres, par deux raiſons ; l'une, parce qu'on leur impoſe plus facilement à cauſe de leur credulité ; l'autre, parce qu'ils ſont moins ſuſpects, & qu'ils ont un caractere de bonté qui ne donne aucune défiance.

Cependant quoique la Baguette puiſſe s'incliner naturellement ſur les eaux & ſur les métaux, je ſuis perſuadé dans le fait preſent que cela arrive par le même eſprit & par la même puiſſance qui l'a fait agir à l'égard des cauſes libres & volontaires, & que tous ces mouvemens ſont l'operation du même principe.

Et pour les Curez qui autoriſent une telle conduite, on leur rendra juſtice quand on dira qu'ils ſont abuſez, ſoit qu'ils ne ſe ſoient pas donné le loiſir d'examiner la choſe, ou que l'ayant examinée, ils ne l'ayent pas jugée telle qu'elle eſt en effet. Et je vous avoüe que plus je l'ai conſiderée, plus l'operation du Demon m'a été sensible, & je ne crois pas qu'on puisse avoir deux avis differens sur un sujet qui de lui-même est si palpable.

Je n'entre point, Monsieur, dans tout le détail, ni dans tous les points de la question ; je vous envoye le memoire de Monsieur Pirot qui m'est venu voir, vous en connoissez sans doute le nom & le merite. Je n'ai rien, Monsieur, que je puisse ajoûter à cette Lettre, si ce n'est pour vous protester que je prens une grande part à tout ce qui vous regarde, & que je vous souhaite en quelque lieu que vous soyez une paix sainte & une tranquillité parfaite. Priez Dieu pour moi, je vous en conjure, & soyez persuadé qu'on ne sçauroit être avec plus de sincerité que je suis vôtre tres-humble & tres-obéissant serviteur,

Fr. ARMAND JEAN, Abbé
de la Trappe.

A la Trappe le 29. d'Aoust 1689.

Sentiment de Monsieur l'Abbé Pirot, Chancelier de l'Eglise & de l'Université de Paris.

A Prendre tout ce qui se mande du Dauphiné au sujet de la Baguette fourchuë dont on se sert pour découvrir des eaux, des métaux, des bornes de terre cachées, des voleurs, &c. on n'y voit rien de naturel ; & le sentiment qu'en a donné le Physicien à qui on en a écrit, est aussi solidement apuyé qu'il l'explique avec netteté. Il n'est pas inoüi qu'on découvre des sources d'eaux, ou même quelques métaux ou mineraux qui sont encore en terre. Il peut y avoir quelques qualitez symboliques & de sympathie, qui fait que l'eau où les métaux se fassent sentir ; mais ce ne sera pas de la maniere qu'on dit que cela se fait. Il est impossible dans l'exposé, que la Baguette fasse connoître la profondeur de la source, non plus que son abondance ; puiſqu'une moins forte, mais moins creuſe, doit faire la même impreſſion ſur la Baguette, qu'une plus groſſe qui ſeroit plus avant en terre. On ne peut non plus reconnoître par-là, s'il y a de la terre glaiſe, du ſable, de la roche, ni combien il s'en trouvera.

On a raiſon de dire que l'intention de la perſonne qui tient la Baguette, ne peut être la cauſe qui détermine la Baguette à tourner plûtôt quand il ſe trouve de l'eau que quand il y a de l'or ou de l'argent : s'il y a un raport égal de la Baguette avec ces métaux, comme avec l'eau elle doit également tourner quand elle les rencontre ; & ce qu'on marque dans la Lettre de Grenoble, qui n'eſt pas obſervé dans la Réponſe, qu'on ſe ſert pour trouver de l'or, d'une piece d'or qu'on met en ſa main, ne peut rien faire, puiſque la piece d'or par elle-même n'auroit aucune vertu ſemblable, elle n'en peut avoir jointe à la Baguette. Mais ce qu'on raporte du vol qu'on reconnoît à la faveur de cette Baguette, est encore plus éloigné de toute apparence de moyen naturel. Une chose dérobée ne change pas par le larcin. Elle est la même, & a les mêmes qualitez ; le crime n'étant qu'une chose morale, n'altere pas par lui-même le corps, & ne le fait pas autre qu'il étoit.

Il n'est pas moins impossible que la convention des personnes qui ont mis une pierre pour servir de borne à des terres, agisse de maniere que la Baguette la fasse deviner quand elle ne paroit pas, & serve même à la redresser quand elle a été malicieusement changée, comme on l'expose. Qu'est-ce que l'accord des gens qui ont mis des bornes, peut avoir d'influence pour les faire retrouver quand elles sont changées ?

S'il y a quelque liaison secrete de la Baguette avec les eaux, comme il le faudroit supposer raisonnant sur le principe, que l'effet dont il s'agit est naturel, elle paroitroit à l'égard de l'eau hors de terre, & même elle agiroit pour lors avec plus de force, & la Baguette tourneroit plus vîte que quand l'eau est encore en terre, & on assure cependant que ce n'est qu'en cette derniere occasion qu'elle agit.

Enfin qui que ce peut-être qui tint la Baguette, elle devroit faire le même effet, comme l'ambre & l'aiman en quelque main qu'on les mette, tirent la paille & le fer. Que peut faire à cela la difference des personnes ou des temperamens ? On marque qu'on voit des personnes nées en differens mois se servir de cette Baguette avec le même succés, & cela fait voir que le point de la naissance n'y fait rien, quoiqu'il soit d'experience, ainsi qu'on l'expose, que la Baguette n'a nulle force entre les mains de quelques personnes, telle qu'est celui qui écrit.

Voila des marques convainquantes que l'effet de la Baguette n'est nullement naturel, & ne peut-être raporté qu'au Demon, s'il n'y a point de fourberie de la part des personnes qui s'en servent ; car de le faire venir des bons Anges, il n'y a point d'apparence. Ils ne font rien d'extraordinaire que pour porter les hommes à Dieu, & on ne voit ici rien qui les y porte. Ainsi pour répondre en détail aux douze articles proposez dans l'extrait de la Lettre de Grenoble, on croit

Sur le premier, Qu'il pourroit y avoir quelque secret naturel qui feroit qu'une Baguette découvriroit des eaux ou des métaux, comme des Flamands ont découvert à Saint Denis une source cachée ; & il y a des gens qui découvrent ainsi, soit des eaux, soit de l'or ou de l'argent. Si on en demeuroit-là, & qu'on ne dit pas que la Baguette fait deviner la profondeur & l'abondance de la source & de la mine, ce qu'il y a de terre ou de sable pour y arriver ; & qu'étant également pour l'eau & pour les métaux, c'est l'intention de la personne qui la tient qui la détermine à tourner plûtôt sur l'un que ſur l'autre : toutes ſupoſitions abſolument impoſſibles dans le cours de la nature.

Sur le deuxiéme, Que la Baguette étant d'elle-même indifferente à tourner pour l'or comme pour l'argent, ce ne peut être ni l'eſprit de la perſonne qui la tient, ni la piece d'argent qui la détermine à tourner pour de l'argent plûtôt que pour l'or, puiſque l'intention qui n'eſt que morale, n'agit point phyſiquement ſur la Baguette, & qu'une piece d'argent jointe à la Baguette n'a pas aſſez de force pour la faire tourner ſur l'argent & l'empêcher de tourner ſur l'or.

Sur le troiſiéme, Que cette difference qui fait que la Baguette tourne en une main, & ne tourne pas en d'autres, eſt une preuve que l'effet n'eſt point naturel ; l'aiman agit en quelque main qu'il ſoit.

Sur le quatriéme, Que l'on voit aſſez que les Planettes ne font rien à cette difference, puiſque des perſonnes nées ſous les mêmes conſtelſations ne ſont pas toute la même choſe ; & que d'autres nées ſous de differentes, la font.

Sur le cinquiéme, Que c'eſt encore une marque certaine de la fraude de ces pretendus Devins, ou du pacte avec le Demon, que la Baguette ne reçoive pas les mêmes impreſſions des eaux découvertes que de celle qui eſt cachée ; l'aiman attire plus le fer qu'on lui expoſe ſans aucun milieu épais qui le cache, que quand il eſt couvert. On ne voit pas non plus naturellement pourquoi la Baguette tourne pour les métaux découverts, comme quand ils ſont cachez ; & qu'elle ne tourne ſur l'eau que quand elle eſt cachée. Et ce qu'on marque ici qu'il y en a qui ne peuvent porter l'uſage de la Baguette que juſqu'à ce point, & que d'autres vont bien plus loin, doit confirmer, par ce qui vient d'être dit, dans la penſée que la choſe n'eſt point du tout naturelle.

Sur le ſixiéme, Que quand on connoîtroit naturellement la ſource, on ne peut deviner ſa profondeur ni ſa groſſeur, puiſque comme il a été remarqué, une ſource moins groſſe, mais moins creuſe, feroit le même effet qu'une plus groſſe & plus profonde.

Sur le ſeptiéme, Qu'on ne peut non plus deviner ce qu'il y a d'argile, de terre ou de ſable juſqu'à la ſource.

Sur le 8. 9. & dixiéme, Que la convention de deux perſonnes à ſe ſervir d'une pierre pour partager un champ & pour reparer leurs parts, ne pouvant avoir aucune influence ni ſur la pierre ni ſur la Baguette, il eſt naturellement de toute impoſſibilité que la Baguette ſuive la convention, s'arrête à la pierre tant que l'accord ſubſiſte, ne s'y arrête plus au moment qu'il ſe revoque, ſe fixe au lieu où devroit être la pierre ſi elle a été changé. Tous ces effets ſont impoſſibles naturellement, & on ne doit point ſouffrir que des Chrêtiens ayent recours à ces voyes pour quoi que ce puiſſe être.

Sur le onziéme, Que, comme il a été dit auparavant, l'intention de la personne qui tient la Baguette, ne peut rien operer pour la déterminer à tourner plûtôt sur les limites que sur l'eau ou sur les métaux, étant d'elle-même pour tout cela indifferamment, & ne recevant rien de physique du dessein de la personne qui s'en sert, qui la puisse plûtôt faire agir pour reconnoître des bornes de terre que pour découvrir de l'eau, ou de l'or. Et ce qu'on ajoûte qu'un de ces Devins sent encore outre le mouvement de la Baguette quelque impression en lui-même qui lui marque la borne ou l'eau qu'il cherche, les doigts de ses pieds se remuans quand la Baguette se trouve à l'endroit de la chose à quoi il la raporte, & se croisans les uns sur les autres, est un témoignage encore plus seur que la chose n'est point naturelle, & ne se fait que par un pacte du moins tacite. La simplicité du Curé qui l'a reçû à faire ses Pâques, qui lui donne une attestation de vie

& mœurs, eſt inexcuſable. Il devoit s'inſtruire lui-même, & deſabuſer ſon Paroiſſien dont la groſſiereté fait compaſſion ; mais des Paſteurs n'en ſont pas quittes pour dire qu'ils pechent par ignorance : ils doivent ſçavoir ou aprendre, & ſans cela leur ignorance eſt affectée, & ne les met point à couvert.

Sur le douziéme enfin, Que la Baguette ne peut naturellement ſervir à reconnoître ni découvrir un voleur. Que fait le vol pour donner cette force à la Baguette ? Une choſe volée eſt phyſiquement la même qu'auparavant ; & ſi la Baguette ne s'y portoit pas avant qu'on la volât, elle n'y tournera pas aprés. Un homme pour avoir volé ne change pas de conſtitution ; la corruption de ſon cœur ne le fait pas devenir phyſiquement un autre homme, il ne change que moralement, & cela ne peut faire d'impreſſion à la Baguette ; ſi elle ne le ſuivoit pas auparavant, elle ne le doit pas ſuivre depuis. Il n'y a rien que les Curez

ne

ne doivent faire pour marquer qu'ils condamnent cet usage, qui ne peut avoir de force que par le Demon, & qu'on ne peut autoriser, l'Ecriture foudroyant en tant d'endroits tous ceux qui ont recours aux Demons, soit par curiosité, soit par interêt, & ne pouvant souffrir qu'on employe que des moyens naturels dans toute sa conduite. C'est pecher contre le premier precepte que de se servir de ces voyes.

A MONSIEUR ***.

Illusion des Philosophes, qui veulent expliquer par un écoulement de corpuscules, des phenomenes qui sont ou faux ou surnaturels.

JE n'ai nulle peine à croire, Monsieur, que ces personnes d'esprit, que vous apellez les ennemis du jargon de l'Ecole, pretendent expliquer par les divers mouvemens & les differentes figures de la matiere tout ce qu'on dit de la Baguette. C'a été toujours la passion dominante des Physiciens de vouloir tout expliquer par les corps ; & vous sçavez, Monsieur, jusques où cette envie a porté le celebre Epicure. Esprits, causes surnaturelles, Providence, c'étoit pour lui de pures chimeres. Des atomes d'inégale pesanteur & de diverses figures, c'est tout ce qu'il demandoit pour expliquer ce qui arrive de plus surprenant dans le monde.

Mais combien d'autres Philosophes qui attribuoient à la matiere des effets, qui ne sont ni vrai-semblables, ni même possibles. Voulez-vous rien de plus singulier, que des atomes qui faisoient prédire l'avenir ? cependant les Philosophes que Ciceron a refuté dans le deuxiéme Livre de la Divination, & ceux qui parlent dans un fort beau Dialogue de Plutarque, font sortir de la terre un écoulement de petits corps qui devoient produire cet effet.

De defectu oraculorum.

Ce n'étoit pas là de ces temeraires qui nient tout ce qu'ils n'entendent point, ou qui nous disent mille impertinences, pour vouloir tout expliquer par les corps. Ceux-ci admettoient des esprits, & on doit être charmé de leur voir faire la difference des premier Philosophes, bons Poëtes, Theologiens même si vous voulez ; mais méchans Physiciens qui donnoient tout aux genies d'avec les modernes, qui tout occupez de la matiere ne pensoient jamais ni à Dieu ni aux intelligences. Ces sages de Plutarque, Physiciens, & Theologiens tout ensemble, joignoient autant qu'ils pouvoient les operations de la matiere avec celle des esprits, tâchoient de donner à ceux-ci ce qui leur est propre, & à celle-là ce qui lui convient. Avec des dispositions si loüables, ils cherchent un systéme par lequel on puisse rendre raison des difficultez que les Oracles font naître, qui montre leur origine & comment ils ont cessé. L'eussiez-vous crû, Monsieur, des corpuscules vont faire tout le fond de leur systéme?

La terre, disent-ils, ne pousse-t-elle pas de differens sucs? comme elle produit ici des métaux, là des plantes qui ont d'admirables vertus, elle exhale en un autre endroit des vapeurs propres à faire deviner. La vapeur est-elle subtile & abondante? elle agite le Devin, produit en lui l'entousiasme, & le fait prophetiser en bons vers. La vapeur a-t'elle moins de force ? l'entousiasme diminuë, & les vers en sont moins bons. S'affoiblit-elle davantage ? elle ne peut faire que de la prose. Enfin la terre s'est-elle épuisée ? n'envoye-t'elle plus de vapeurs ? les Oracles cessent.

Ils ne cessent pourtant pas pour toujours : de nouveaux sucs se forment qui sortiront peut-être par un nouvel antre;on y ira & on y devinera comme on faisoit sur l'ancien. Mais tout le monde y devinera-t-il ? les prophetes seroient trop communs ; c'est le privilege de la pythie, elle sera la seule agitée par la vapeur. Demandez-vous pourquoi ? par la même raison, Monsieur, que Jaques Aymar est le seul agité sur les vestiges d'un meurtrier : vos Medecins vous l'ont déja dite cette belle raison ; le temperament different, une certaine disposition qui rend un corps sensible & un autre insensible à un certain mouvement, voila ce qui fait que la pythie est susceptible d'une impression dont nul autre n'est capable ; elle-même cesseroit d'être ér ûë si elle cessoit d'être vierge.

Peucer de Oraculis.

** De rerum varietate l. 14. c. 68.*

Je suis bien persuadé, Monsieur, que vous ne souscririez pas au systéme ; mais tout le monde n'en juge pas comme vous : bien des gens l'ont trouvé fort bon, & Cardan * n'a crû devoir y joindre que des corpuscules émanez des planettes. Avec ce secours il vous expliquera comment une petite pierre enchassée dans une bague pourra faire deviner.

De subtilit. c. 7.

Le même Cardan vous indiquera des pierres precieuses, dont il sort des corpuscules capables d'écarter la foudre & de preserver de la peste. Des Philosophes qui valent bien Cardan, vous diront qu'il y a une certaine plante que vous n'avez qu'à toucher & presser dans vos mains, pour purger telle personne que vous voudrez, sans qu'elle en sçache rien. *a* Les uns nomment cette plante *Lathyris*, & les autres veulent que ce soit le *b* Cabaret, ou le *c* Sureau. S'est-il jamais rien vû de plus mer-

a Apud Fernel. de abd. rer. causis l. 2. c. 16.

b Asarũ.

c Sambucus.

veilleux ? Touchez le haut des feüilles d'une de ces plantes, voila d'abord un écoulement de corpuscules en forme de magnetisme qui vont exciter au vomissement la personne que vous voulez purger : touchez-vous la racine ? la purgation se fait par le bas.

N'en riez pas, Monsieur, & ne vous avisez pas de dire que cela ne peut être physique, ou bien resoluez-vous à être traité par * Van-helmon de ridicule, de superstitieux, d'ignorant.

Je ne finirois point si je me mettois en train de vous raporter des folies de cette nature. N'en voila que trop pour conclure de quelles Illusions sont capables des gens qui passent pour Physiciens.

*Si quispiam folia azari decerpendo sursùm vellicaverit purgabunt aliam, idest tertiam personam tractionis nesciam per vomitum tantùm : sin verò deorsùm carpendo torqueantur, solam dejicient alvum. Hîc saltem nulla subest superstitio, nam quid hîc imaginationis commemorem cum illa in tertium objectum nihil operari concedatis, maximè ubi istud ignarum sit modi, quo decerpens fuerit usus? an fortè pactum implicitum rursùs & sacram ignorantiæ anchoram, incusaveris ? atqui hic nulla latet vana observantia, præsertim ubi inscio absumente decerptor sursùm vel deorsùm folia vellicaverit. Profectò in azari planta integrali proprietas elucescit magnetica, adeoque ad carptionis sensum variè sua dotat folia. *De Magn. vul. cur. n.* 30.

Ravis d'avoir expliqué mechaniquement quelques phenomenes, ils croyent que rien ne peut les arrêter; on les voit raisonner sur les choses les plus obscures & tout-à-fait inexpliquables, comme s'ils y voyoient bien clair. Fables, prestiges, miracles, ils rendent raison de tout, & s'y prennent de telle maniere que leurs principes s'accommodent avec le faux comme avec le vrai.

Aussi sont-ils toujours prêts à faire des systémes. On a beau leur dire avec Monsieur * Boyle : pourquoi vous pressez-vous ? peut-être un nouveau fait, quelques nouvelles experiences, des circonstances que vous

* Quod ad systemata attinet, id in primis opto, ut homines à constituendis theoriis abstinerent, donec tantam experimentorum copiam nacti fuerint (sin minus quas omnia phœnomena per talem aliquam theoriam explicanda suppeditet at saltem) quæ amplitudini theoriæ iisdem superstruendæ proportione respondeat. *Comment. Præmial. in exper. pag.* 13.

b Equidem magnis ausis in rebus explicandis placitisque sanciendis famam quæri scio. *Ibid.*

c Et sanè scriptoribus illis, qui causas rerum & naturæ magnalia exponere agressi sunt, minus invidere consuevi, ex quo observare per otium licuit, complura eorum placita, postquam aliquandiu cum plausu & admiratione excepta fuissent, detecto deinde novo aliquo naturæ phœnomeno, scribentibus prius ignoto aut non animadverso elevata corruisse. *Ibid.*

n'avez

n'avez pas remarquées, renverseront d'un seul coup tous vos systémes. Un tel avis n'est point écouté. Est-ce qu'ils veulent se faire un nom, *b* comme dit le même Boyle ? Je n'en sçai rien ; mais je sçai bien que l'aplaudissement qu'ils reçoivent des gens d'esprit, est souvent de courte durée. *c*

Que dites-vous, Monsieur, du Philosophe qui debita dans les con- « versations une espece de systéme, « pour expliquer mechaniquement les « differentes merveilles que Jaques « Aimar operoit ? Il construisit, dit- « on, son hypothese pour la satisfac- « tion de Messieurs les Gens du Roi « sur leur relation des faits, & leur pré- « dit par des consequences tirées de ses « principes, que ceux qui excellent à « chercher des sources, devoient a- « voir le même don que Jaques Aimar. « Par malheur pour l'hypothese, il se trouve beaucoup de gens à qui la Baguette ne tourne que sur des sources ; & le Philosophe a bien voulu nous dire lui-même, qu'une femme «

» sçavante à chercher les sources, n'a-
» voit fait tourner la Baguette à la ca-
» ve que tres-imparfaitement. Il pouvoit dire nettement que la Baguette ne tourna point, sans craindre qu'on y trouvât à redire ; car le public a un merveilleux fond de complaisance pour tous ceux qui parlent en faveur de ce qui le réjoüit. C'est ce que sçavent fort bien ceux qui entreprennent d'expliquer de pareils faits ; & c'est aussi ce qui les rend si hardis. Il est clair qu'ils comptent beaucoup sur la docilité des Lecteurs, sur la disposition des peuples à recevoir tout ce qui leur fait plaisir, & sur l'experience que l'on a eu de tout tems, que les moindres raisons sont persuasives, lorsqu'elles autorisent ce que la curiosité, l'interêt, ou l'amour propre nous fait aimer. Probabilitez, conjectures, la moindre apparence de verité, tout leur est bon. Comme ils esperent qu'on n'y regardera pas de si prés, ils ne craignent pas de se servir de principes, qui ne sont nullement favorables à

leurs opinions; & ceux-mêmes qu'on avoit crû les plus propres à desabuser le monde de mille folies, ce sont ceux-là qu'ils employent pour les autoriser.

Cela me fait souvenir de ce qu'a dit l'Auteur des nouvelles de la Republique des Lettres, en parlant des talismans que M. Baudelot veut justifier par la nouvelle Philosophie. Il fait en cet endroit une reflexion fort judicieuse, & une espece de prédiction qui ne s'accomplit que trop tous les jours. Qui croiroit, dit-il, « que la Philosophie de M. Descartes, « qui a été le fleau des superstitions, « doive être le meilleur apui des Astro- « logues, & des faiseurs d'enchante- « mens; neanmoins il n'est pas hors « d'aparence qu'on verra cela tôt ou « tard. L'homme n'est pas fait pour se « pouvoir passer de ces choses. Si on « l'en détache par quelque côté, il a « cent ressources pour y revenir. M. « Gadrois bon Cartesien, a déja mon- « tré qu'il n'y a point de systéme plus « favorable à l'Astrologie que celui «

Mois d'Avril 1686.

» de M. Descartes ; & il seroit aisé de
» montrer que celui des causes occa-
» sionelles, est le plus propre du mon-
» de pour rendre croyable tout ce
» qu'on dit des Magiciens ; ainsi je ne
» doute pas que l'on ne se serve un
» jour de cette Philosophie, pour prou-
» ver non-seulement la vertu des talis-
» mans & des anneaux constellez, mais
» aussi toutes les operations magiques.
Si l'Auteur veut dire, qu'on fera à l'égard des anneaux constellez & de plusieurs autres pratiques de cette nature, ce que M. Gadrois a fait pour l'Astrologie & pour les talismans, le jour prédit est déja venu ; car ne doutez pas que les systémes qu'on fait à present sur la Baguette, ne soient fort propres à autoriser un grand nombre de pratiques qu'on a toujours avec sujet soupçonné de superstition. Sçavoir si c'est la faute des principes de la nouvelle Philosophie, ou de ceux qui s'en servent ; c'est une autre question qui pourra se decider quelque jour. Je suis, &c.

A MONSIEUR ***.

Critique des hypotheſes dont Monſieur Chauvin & Monſieur Garnier ſe ſervent pour découvrir la cauſe qui fait tourner la Baguette ſur les veſtiges des voleurs & des meurtriers.

SI les Diſſertations de Monſieur Chauvin & de Monſieur Garnier, étoient de la nature de celles que vous ſçavez, chargées de fatras, pleines de faux principes & de termes obſcurs; je vous prouverois ſi bien, Monſieur, que c'eſt à vous à débroüiller le chaos, qu'il faudroit ou vous paſſer de mes reflexions, ou vous reſoudre à commencer par m'envoyer les vôtres : mais l'ordre & la netteté qui regnent dans les hypotheſes de ces Meſſieurs, ont pour moi des attraits qui me font trouver plus de plaisir que de peine à mettre par écrit ce que je croi de leurs sentimens.

J'aprouve leur methode ; je souscris presque sans restriction, aux principes generaux qu'ils établissent, & à la reserve de quelques-unes de leurs supositions que je rejette, le seul point où je m'éloigne tout-à-fait d'eux, c'est la conclusion ; car de leurs principes mêmes, je conclus, Monsieur, que nul corps ne fait tourner la Baguette. Vous étes l'ami commun, soyez aussi l'arbitre.

Etat de la Question.

M. Chauvin p. 26. M. Garnier page 24.

LE fait dont on cherche la cause, est que Jaques Aymar se sent tout émû, & qu'une Baguette tourne avec violence entre ses mains, lorsqu'il passe sur les vestiges d'un voleur, ou d'un meurtrier.

MOYEN DE RESOUDRE LA QUESTION.

Quels ſont les corps qui peuvent cauſer le mouvement de la Baguette & l'agitation de l'homme qui la tient.

COmme nul corps en repos ne peut être mis en mouvement que par un corps qui a du mouvement, & qui touche immediatement le corps en repos ; *il faut examiner avec attention*, dit Monſieur Chauvin, *tout ce qui peut immediatement toucher le ſang & les eſprits animaux du Villageois, afin que nous puiſſions déterminer ce qui excite le mouvement ou l'agitation dont il s'agit.* M. Garnier page 16. Page 17.

Mais il ne paroît pas qu'il y ait rien qui le touche immediatement, que la terre ſur laquelle il marche, le bois du bateau dans lequel il étoit, lorſqu'il ſuivit les aſſaſſins ſur le Rhône & ſur la mer ; l'air qui l'environne, la matiere ſubtile contenuë dans ſes pores ; ou enfin quelques petits corpuſcules particuliers differens de l'air & de la matiere subtile, plus subtils que l'une, & dont les pores sont configurez de maniere à donner un passage tres-libre à l'autre. Or ce n'est pas la terre qui le soutient, non plus que le bois du bateau, parce que l'un & l'autre sont en repos, & un corps qui est en repos n'en peut pas faire mouvoir un autre. Ce n'est pas encore l'air seul, ou la matiere subtile qui y est contenuë, puisque l'un & l'autre environne toujours cet homme, & même tous les hommes, & que ni cet homme, ni tous les autres hommes ne sont pas en tout tems agitez de la maniere dont il s'agit.

Reste donc que de petits corps particuliers differens de l'air & de la matiere subtile, produisent l'effet dont il est question; & ces petits corps ne peuvent-être autres que ceux que les meurtriers ont exhalé par la transpiration dans tous les lieux où ils ont passé.

M. Chauvin. *Ibid.* M. Garnier page 26.

Reflexion. Ces deux Messieurs prouvent ici qu'il sort du corps de tous les hommes une grande quantité de corpuſcules, par une tranſpiration inſenſible : cela eſt certain. Ils ajoûtent que ces corpuſcules ſont tout differens, ſelon les differentes paſſions de l'ame; c'eſt trop. On pourroit leur montrer qu'ils ſe trompent, & qu'il y a beaucoup à redire aux preuves & aux exemples qu'ils en aportent : mais la queſtion principale ne dépend pas de là ; je paſſe, & me contente d'apuyer ſur la concluſion tirée, que les ſeuls corps qui puiſſent cauſer le tournoiment de la Baguette & l'agitation de celui qui la tient, ſont les corpuſcules ſortis du corps des meurtriers qui forment une eſpece de traînée tout le long du chemin. Monſieur Chauvin vient de le prouver ; M. Garnier le ſupoſe, & ne trouve de la difficulté qu'à déterminer la groſſeur, la figure, ou la configuration de ces petits corps.

Quand on viendroit, dit-il, *à ſe tromper dans la détermination de la figure des corpuſcules emanez du corps du meurtrier, & dans la maniere d'impreſſion qu'ils font ſur le corps de Ja-* M. Garnier page 15.

ques Aymar, le raisonnement ne laisseroit pas de subsister, jusqu'à ce que l'on eut pû prouver que ce n'est ni par la figure, ni par la maniere d'agir de ces corpuscules que ce fait arrive. Il se pourra donc bien faire que l'on se trompera en voulant déterminer la mechanique speciale, en vertu de laquelle ce Villageois suit si fidellement ces meurtriers & ces voleurs à la piste; mais on peut (& cela suffit) faire comprendre en general que cela se fait par quelque mechanique & par quelque cause naturelle, & que cette cause purement naturelle, N'EST AUTRE QUE L'EMANATION DES CORPUSCULES SORTIS DU CORPS DU MEURTRIER, DANS LES ENDROITS OÙ IL A FAIT LE MEURTRE, ET DANS CEUX OÙ IL A PASSÉ.

Donc pour sçavoir si l'agitation d'Aymar & le tournoiment de la Baguette ont une cause materielle, il n'y a que deux points à examiner.

Le premier: Si les petits corps que les meurtriers ont exhalé, se trouvent par tout où la Baguette tourne.

Le ſecond : S'ils y ſont dans un mouvement aſſez grand, pour agiter le ſang d'Aymar, & tordre une Baguette entre ſes mains. Car ſi la Baguette tourne en des endroits où ces corpuſcules ne ſubſiſtent plus, puiſqu'ils ſont les ſeuls corps auſquels on puiſſe attribuer ce mouvement, il faudroit neceſſairement conclure que rien de corporel ne l'a fait tourner. Il faudroit conclure la même choſe, ſi ces petits corps étoient en ſi petite quantité, ou s'ils avoient ſi peu de mouvement qu'ils ne fuſſent pas capables d'agiter le corps d'un homme juſqu'à le faire ſuer, & à tordre une Baguette qu'il ſerreroit dans ſes mains.

S'il y avoit des corpuscules emanez du corps des meurtriers par tout où la Baguette a tourné.

Hypothese de Monsieur Chauvin pour prouver qu'il y en avoit, & pour montrer que ces corpuscules peuvent demeurer long-tems sur une riviere, ou sur la mer sans se dissiper.

Page 41. *IL est seur que nous pouvons toujours imaginer dans le monde, que nous habitons des corps beaucoup plus durs que tous ceux qui tombent naturellement sous nos sens. La nature de la matiere comme divisible n'y repugnant pas; de là je conclus par raport à nôtre sujet, que je puis imaginer les petits corpuscules dont il s'agit, si petits que malgré l'agitation de l'air, soit sur la terre, soit sur la mer, les interstices de ce même air seront toujours si grands par raport à ces petits corpuscules, qu'ils n'en recevront aucune atteinte, & que par consequent ils ne pourront pas être déplacez par ce moyen ; je veux dire par l'air, de quelque maniere qu'ils soient agitez. Ils le pourront d'autant moins, que je puis aussi les imaginer si durs par raport à leurs grandeurs, que la derniere mollecule de l'air sera trop molle à leur égard, pour pouvoir les ébranler, & par consequent les déplacer.*

Ce que je dis de l'air, j'ai aussi raison de le dire des autres causes de déplacement qu'on me pourroit proposer ; neanmoins comme ces petits corpuscules, quoique tres-durs & propres à resister à l'air, peuvent-être en quelque maniere détrempez & radoucis par les corpuscules de l'eau, sur une riviere & sur la mer, il n'est pas mal-aisé de comprendre que ce païsan est moins agité sur l'eau que sur la terre.

Ne soyons donc pas surpris de la durée des traces que laisse un assassin sur la terre, sur une riviere & même sur une mer orageuse.

Monsieur Garnier n'ajoûte rien à l'hypothese de son confrere. Il l'adopte, la confirme par l'exemple de l'odeur du musc qui se conserve longtems dans une chambre, & répond à une difficulté dont nous parlerons plus bas, aprés avoir fait quelques reflexions sur l'hypothese.

Reflexions critiques sur l'hypothese de Monsieur Chauvin.

COmme les corps sont susceptibles de toutes sortes de figures & de dispositions, celui qui fait une hypothese a droit d'en suposer de telle maniere qu'il veut ; mais il faut qu'il prenne garde d'où il fera sortir ces corpuscules.

I. Monsieur Chauvin veut composer une traînée de corpuscules fort durs. Je voudrois donc les faire sortir d'un autre endroit que du corps d'un homme. Qu'en pensez-vous, Monsieur ? ce qui sort de nôtre corps par la transpiration, est-il si dur ? ne sont-ce point les parties les plus faciles à mouvoir, & les plus flexibles qui s'évaporent ?

II. On supose ces petits corps plus

petits que les pores de l'air ; & en même-tems ſi gros qu'ils peuvent donner entrée par leurs pores à une grande quantité de particules d'eau; car on veut qu'ils puiſſent être détrempez & ramolis par ces vapeurs de l'eau, ce qui ne ſe peut faire ſans que ces petites parties d'eau les pénetrent de tous côtez. Cette ſupoſition n'a-t'elle rien qui vous faſſe de la peine ? Quoiqu'il en ſoit ; ſouvenez-vous-en, s'il vous plaît, Monſieur, car elle eſt toute propre à prouver que les corpuſcules peuvent être aiſément déplacez.

Que la traînée des corpuſcules emanez du corps des meurtriers, doit être diſſipée par les vens & les tempêtes.

I. L'Experience aprend à tout le monde que ce qui s'exhale des corps eſt emporté par les vens. Portez un bouquet de fleurs le long d'un chemin qu'un vent un peu fort traverſe ; ceux qui ſont hors du chemin au dessous du vent en sentent l'odeur, ceux qui sont au dessus ne la sentent presque pas, & ceux qui passent dans le chemin quelque-tems aprés ne sentent rien du tout. N'est-ce pas parceque ce qui s'étoit exhalé a été emporté par le vent? & n'en est-il pas de même de tout ce que les hommes & les animaux transpirent?

Il n'est personne qui n'ait éprouvé que les vens se ressentent des lieux d'où ils viennent, qu'ils sont chauds s'ils ont passé sur une terre échauffée, humides quand ils ont passé sur des lieux aqueux, & que selon ce qui se trouve sur leur chemin, ils sont sains ou contagieux, puans ou de bonne odeur, parce qu'ils entraînent avec eux les vapeurs & les exhalaisons répanduës dans l'air. Cela est general pour toutes sortes de corpuscules; ceux qui s'exhalent du corps des hommes ne sont pas exceptez; & si communément pour purifier une chambre où un homme a été enfermé plusieurs jours, on ouvre

vre la porte & les fenêtres à un grand vent, c'eſt qu'on ſçait bien que s'il ne détache pas ce qui s'eſt colé au plancher, aux murailles & aux meubles de la chambre, il enlevera du moins ce qui eſt répandu dans l'air.

Eſt-il donc raiſonnable de ſupoſer qu'au milieu de l'air, ſur une riviere, dans un endroit où il n'y a rien qui donne priſe, ce qui s'exhale du corps d'un homme, s'y arrêtera, & y demeurera inébranlable, malgré les vens, les tempêtes & les orages ?

Qu'on ne diſe pas que cette matiere exhalée par les meurtriers pourroit être d'une certaine figure qui l'empêcheroit d'être agitée par aucun autre corps ; car comme les grands vens entraînent de petits corps de toute ſorte de groſſeur & de figure, vapeurs, exhalaiſons, ſels, ſable, pouſſiere, &c. il ne ſe peut faire que tous ces corps emportez par les vens ne rencontrent cette pretenduë matiere qui compoſe la traînée ; & s'ils la rencontrent ils l'entraîneront infailliblement.

Car pour ne pas l'entraîner, il faudroit qu'ils fussent tous, ou si petits qu'ils pussent passer librement au travers des pores de la *matiere meurtriere*, sans la toucher en aucun endroit, & qu'ils vinssent si exactement dans le milieu des pores, qu'ils ne la heurtassent d'aucun côté, ou qu'ils fussent si gros, qu'ils eussent des pores si grands, si droits, & qu'ils les presentassent si justement à la *matiere meurtriere*, que lorsqu'ils passeroient, elle se rencontrât précisément au milieu de l'ouverture sans recevoir aucune secousse. Mais sont-ce là des suppositions à faire ? ne faut-il pas dire au contraire que les vapeurs, les exhalaisons, & tous ces corps divers que les vens entraînent, heurteront indifferemment de tous côtez contre cette pretenduë *matiere meurtriere* & l'entraîneront.

II. Monsieur Chauvin supose que ces petits corps sont détrempez & ramolis par les vapeurs de l'eau ; donc il ne reste aucun lieu de douter qu'ils ne doivent être enlevez par les vens.

En voici la preuve : les vapeurs de l'eau ne peuvent détremper & ramolir les petits corps ſans entrer dans leurs pores & les penetrer de tous côtez ; donc ces petits corps ſont beaucoup plus gros que les parties d'eau qui montent en vapeur, puiſqu'ils peuvent en recevoir dans eux-mêmes un fort grand nombre ; & par une ſuite neceſſaire ils doivent donner plus de priſe aux vens & à tous les corps entraînez par les vens, que ne feroient les vapeurs : or les vens enlevent les vapeurs, & c'eſt ce qui les rend humides ; donc à plus forte raiſon, ils heurteront & enleveront les corps qui renferment ces vapeurs.

Il eſt donc abſurde de ſupoſer le long d'un chemin une traînée de corpuſcules, qui ne peut être diſſipée par les vens ni par les tempêtes.

Nouvelle hypotheſe propoſée aprés celle de Monſieur Chauvin dans le Journal des Sçavans *; pour montrer que les vens ne peuvent enlever les petits corps que les meurtriers ont répandu par tout où ils ont paſſé.

* 9. Février 1693.

B*Ien que cette explication* (de Monſieur Chauvin) *ſoit fort probable, neanmoins parce qu'elle ne leve pas toutes les difficultez, j'en propoſerai une autre tirée de la nature même des vens, ſur tout de ces vens changeans qui ſoufflent d'ordinaire hors des tropiques. Car il faut obſerver que ces vens dépendent des fermentations particulieres qui ſe font en divers endroits de la terre. C'eſt pourquoi ſupoſant qu'une notable fermentation vint à ſe faire en quelque endroit, il eſt évident que l'air & la matiere ſubtile tendent vers ce lieu-là, comme vers un lieu où* *il leur eſt plus aiſé de continuer leur mouvement. Mais comme le monde eſt plein & la matiere impenetrable, & que d'ailleurs la matiere ſubtile eſt plus forte que l'air, il faut neceſſairement que tandis qu'elle tend vers le lieu où ſe fait la fermentation, l'air prenne un mouvement tout contraire pour aller occuper la place qu'elle quitte, ce qu'il ne peut faire ſans produire un vent qui ſouffle vers le côté opposé à celui vers lequel tend la matiere ſubtile. Or cela poſé, il eſt évident que ſi les corpuſcules qui ſont répandus ſur les traces des meurtriers, étoient ſi gros qu'ils ne puſſent ſuivre que le mouvement de l'air, (comme il arriveroit s'ils ne nageoient que dans l'air groſſier) le vent de quelque côté qu'il ſoufflât les auroit bien-tôt diſſipez. Mais au contraire ſi nous ſupoſons, comme nous avons droit de le faire, que ces corpuſcules ſont ſi petits, qu'ils nagent en même-tems dans l'air & dans la matiere ſubtile, nous apercevrons ſans peine que le mouvement de l'air & de la matiere ſubtile étant égaux*

& opposez, les corpuscules ne peuvent suivre ni l'un ni l'autre, & par consequent qu'ils restent comme immobiles, par la même raison qu'un vaisseau paroit être tel lorsqu'il est également poussé par l'eau & par le vent qui agissent avec des forces égales & opposées : or si ces corpuscules restent comme immobiles, il n'y a pas lieu de s'étonner s'ils demeurent long-tems sur les mêmes traces ; ce qu'il falloit démontrer.

DEFAUTS DE L'HYPOTHESE.

I. CEtte hypothese n'admet que de l'air & de la matiere subtile : or les vens sont composez non-seulement d'air & de matiere subtile, mais encore de vapeurs, d'exhalaisons, & de tout ce qui s'est évaporé d'une infinité de corps de differente espece; on a donc omis la principale cause qui doit dissiper la traînée des corpuscules, comme on l'a montré plus haut.

II. L'Auteur de l'hypothese avouë

que ſi ces petits corps ne nageoient que dans l'air groſſier, le vent de quelque côté qu'il ſoufflât les auroit bien-tôt diſſipez; apparemment parce qu'ils iroient de compagnie avec l'air; donc s'ils nagent dans la matiere ſubtile, ils pourront être emportez avec elle, ou bien il leur arrivera ce qui arrive à un tonneau expoſé au courant d'une riviere, moitié dans l'air & moitié dans l'eau. Il ne ſuit entierement ni le mouvement de l'air, ni celui de l'eau, mais il n'eſt pas pour cela immobile, il va plus lentement.

III. On veut que les petits corps qui compoſent la traînée, ſoient pouſſez également à contre ſens, d'un côté par l'air, & de l'autre par la matiere ſubtile, & qu'ils ſoient comme un vaiſſeau pouſſé vers un endroit par un courant d'eau, & vers un autre par un vent contraire.

Voila une ſupoſition bien differente de celle de Monſieur Chauvin, qui veut que ces petits corps donnent un paſſage libre à la matiere ſubtile,

& qu'ils passent eux-mêmes à travers des pores de l'air, en sorte qu'ils ne puissent être ébranlez ni par celle-là, ni par celui-ci. On supose ici au contraire qu'ils peuvent être agitez par tous les deux.

Mais 1°. l'air & la matiere subtile, n'agissent pas tout-à-fait à contre sens; car la matiere subtile ne va pas toute d'un côté & tout l'air d'un autre. Il y a assurément de l'air qui accompagne la matiere subtile *. La comparaison du vaisseau qui demeure immobile, n'est donc pas juste, puisque le courant d'eau & le vent le poussent par deux côtez tout-à-fait oposez, au lieu que d'un même côté il y a de l'air & de la matiere subtile qui poussent les corps dont il s'agit.

On devroit prêdre garde aux inconveniens qui arriveroient, si une contrée de la terre étoit sans air.

2°. Quand même l'air presseroit d'un côté & la matiere subtile de l'autre, & qu'ainsi les forces seroient oposées, elles ne seroient pas pour cela égales; car la matiere subtile a plus de force que l'air. L'auteur le supose, & c'est-là le principal fondement

dement de son hypothese; donc elle doit entrainer ces petits corps.

3°. Si l'on supose que l'air aille d'un côté & la matiere subtile de l'autre, cet air qui va vers un même côté, s'y trouvera enfin si pressé & si condensé, que sa force elastique ne manquera pas de le faire refluer; & en refluant ne viendra-t'il pas déplacer les petits corps de la trainée?

4°. Le vent peut varier. Il peut aller directement vers un endroit, y aller doucement avec l'air & la matiere subtile, & entrainer de même ce qui se trouvera sur leur chemin. Donc si le sixiéme de Juillet il ne faisoit qu'un vent fort doux auprés du pont de Vienne, adieu la trainée.

5°. Il faut encore revenir aux vapeurs & aux exhalaisons qui peuvent fort aisément déplacer les petits corps, & avec plus de force même que ne le feroient l'air & la matiere subtile; car comme il y en a de plus grosses & de plus solides que l'air & la matiere subtile, lorsqu'elles auront été mises en mouvement, elles ne manqueront pas de transporter les petits corps qu'elles choqueront, comme la glace que la riviere entraine, pousse & transporte des corps que l'eau ne déplaceroit pas.

6°. D'où vient que toutes sortes de vapeurs & d'exhalaisons sur lesquelles l'air & la matiere subtile ont prise, ne sont pas arrêtées en l'air? pourquoi faut-il qu'elles soient emportées bien loin, & que la seule vapeur des meurtriers soit arrêtée? pourquoi l'air qui donne passage à tant de differentes choses, la refuse-t'il à des corps qu'on supose si petits & si agitez par la matiere subtile?

Enfin qu'on s'imagine si cela se peut, que l'air & la matiere subtile n'en veulent qu'à cette vapeur, & que l'un & l'autre la poussent par des côtez oposez. Je dis encore qu'ils ne la retiendront que fort peu de tems dans la même place, & que l'exemple du vaisseau ne vaut rien.

Un vaisseau qui nage sur l'eau, ne peut ni monter dans l'eau ni tomber au fond, parce que l'air & l'eau sont des corps fort differens en pesanteur, & qui ne sont point mêlez l'un avec l'autre, comme l'air avec la matiere subtile. Sans cela le moindre coup de vent, la moindre inégalité dans l'action contraire du vent, ou de l'eau precipiteroit, ou feroit monter le vaisseau. D'où il suit que le moindre coup de la matiere subtile, ou de l'air sur un des petits corps en question, doit le faire monter ou descendre; de sorte qu'il n'est pas possible qu'il demeure long-tems dans la même hauteur.

Que quand même il ne fait point de vent, ce qui s'exhale du corps d'un homme ne peut s'arrêter le long d'un chemin pour y faire une trainée qui dure un jour, mais qu'il doit se dissiper en fort peu de tems.

IL ne faut, ce me semble, Monsieur, pour en être convaincu, qu'un peu d'attention à la maniere dont se font les transpirations & toutes sortes d'évaporations. Comme les corps ne se donnent pas à eux-mêmes le mouvement ni le repos, les petits corps ne se détachent jamais d'un autre corps qu'ils ne soient agitez ; & quand ils le sont une fois, ils continuent à se mouvoir jusqu'à ce qu'ils ayent communiqué leur mouvement aux corps qu'ils rencontrent. Monsieur Garnier & Monsieur Chauvin en conviennent ; ils doivent donc convenir que ce qui s'est exhalé du corps des meurtriers, n'a demeuré que peu de momens sur l'endroit de la riviere par où leur bateau a passé. Je le prouve en bonne forme par leurs propres principes.

Nul corps ne se détache d'un autre, s'il n'est mis en mouvement : or tout corps qui est en mouvement, tend toujours à s'éloigner de son centre par une ligne droite, & ne change cette détermination que par la rencontre des corps qui s'oposent à son passage ; donc ce qui s'exhale du corps d'un homme doit continuer à se mouvoir, jusqu'à ce qu'il ait ren-

M. Garnier 1. & 2. axiom. p. 17.

contré des corps qui lui ferment le passage, & à qui il communique du mouvement.

Or par l'hypothese de Monsieur Chauvin, ce que les meurtriers ont exhalé, ne peut être ébranlé par aucun corps : la matiere subtile passe librement au travers de ses pores sans lui donner aucune atteinte, & il passe aussi librement dans ceux de l'air sans s'y jamais embarasser : rien ne fait obstacle à cette *matiere meurtriere*, rien n'a prise sur elle ; elle n'en a donc point non plus sur les autres corps, & ne peut par consequent leur communiquer du mouvement. Donc il faut qu'elle continuë à se mouvoir selon la détermination qu'elle a reçûë, lorsqu'elle a été poussée hors du corps.

Concevez aprés cela, Monsieur, cette pretenduë chaîne d'atomes qui demeure immobile sur un chemin ! concevez que chacun des meurtriers a laissé la sienne distincte l'une de l'autre, & que c'est ce qui faisoit impression sur l'homme à Baguette, lorſqu'il s'apercevoit *tantôt de deux & quelquefois de trois complices !*

II. Le Soleil a ſans doute paru, & les nuits ont été plus fraiches que les jours au mois de Juillet, tems auquel Aymar étoit à la quête des meurtriers. Or c'eſt une verité qui ſaute aux yeux, que les petits corps montent lorſque la chaleur les ébranle, & qu'ils deſcendent lorſqu'ayant communiqué leur mouvement ils n'en ont plus. Donc, &c.

III. Que ſeroit-ce ſi ce qui s'exhale du corps des hommes, ne ſe diſſipoit pas en peu de tems ? que deviendroit l'air des chemins batus, de ces chemins par où les armées défilent, par où paſſent tant de meurtriers & tant de ſcelerats ? quelle nuée de *matiere meurtriere & larronneſſe !* les pores de l'air ne ſe rempliront-ils jamais? pourront-ils toujours contenir de nouvelle matiere, &c.

Je voi tant de ridicule dans les conſequences qu'on pourroit tirer de cette ſupoſition, que je n'oſe m'y arrêter. En verité, Monſieur, j'admire les ressources de ceux qui trouvent la raison de toutes choses dans la vertu des petits corps. Quand ils veulent les faire agir dans des lieux éloignez du corps dont ils s'exhalent, ils ont cent raisons & autant d'exemples pour vous prouver que ce qui s'exhale des corps est d'abord en mouvement, qu'il se filtre en l'air, & se répand de tous côtez. Cela va si loin, qu'ils pretendent qu'au printems les atomes des vignes de Canarie viennent jusqu'en en Angleterre, & y fermentent le vin : « Que du lait tombant sur les charbons ardens, se convertit en vapeur qui se disperse, & se filtre par tout dans l'air, fait rencontre de la lumiere & des rayons solaires qui l'emportent encore plus loin, & augmentent & étendent sa sphere d'activité jusqu'au lieu où se trouve la vache qui a donné le lait. On ajoute que des atomes de feu accompagnent la vapeur du lait, qu'ils vont s'attacher au pis de la vache, l'échaufent, l'enflament, & le font enfler.

Digby, Poudre de sympathie.

Page 127.

Mais du ſel jetté dans le feu, eſt un ſouverain remede à ce mal. *Ce* Page 130. *ſel ſaute ſur les atomes qui ſont en train d'accompagner la vapeur du lait, les precipite & les étrangle ſur la place. Et ſi quelques-uns ſe ſauvent & s'échapent par le grand effort qu'ils font, & s'en vont avec cette vapeur, ils ſont pourtant accompagnez des atomes & eſprits de ſel qui s'attachent à eux; & comme bons luiteurs ne quittent jamais leur priſe, qu'ils n'ayent le deſſus de leur adverſaire.*

On nous en dit autant de la poudre de Vitriol pour guerir les playes de fort loin, & de pluſieurs autres ſecrets de cette nature. Et cela s'apelle ſçavoir la belle Phyſique, cette Phyſique de Monſieur Digby, qui donne tant d'activité à tout ce qui s'exhale des corps, & qui fait de tous les atomes, *des cavaliers montez ſur des courſiers ailez*, qui vont par tout où l'on veut. Mais quelquefois cette grande activité gâteroit tout. Si on la laiſſoit aux petits corps que les meurtriers ont répandu dans le chemin, la trainée ſe diſſiperoit en fort peu de momens ; ainſi quoiqu'on nous ait promis d'expliquer les phenomenes de la Baguette, comme on a expliqué ceux de la poudre de ſympathie & de la fermentation du vin, au tems que la vigne eſt en fleur, il faut changer un peu de methode à l'égard de la tranſpiration des meurtriers, car il faut qu'elle s'arrête & qu'elle demeure inébranlable dés qu'elle ſort de leur corps. On lui ôte toute activité : on aneantit le mouvement que les petits corps ont reçû pour tranſpirer, & on les met hors de toute atteinte. Matiere ſubtile, globules, troiſiéme élement, vapeurs, exhalaiſons, rien ne pourra les ébranler. On les plante en l'air comme des pieux en terre ; & tout immobiles qu'ils ſoient, ſi un homme à Baguette paſſe auprés d'eux, ils viendront fondre ſur lui, fermenteront ſon ſang, remueront ſes humeurs, le feront ſuer, vomir, pâmer, & tordront, ou rompront même la Baguette qu'il tient dans ſes mains.

M. Garnier page 9.

Je ne sçai, Monsieur, comment vous étes fait. Pour moi, je vous avouë, que ce n'est pas sans quelque peine, que je me tiens dans les bornes d'une serieuse refutation. Il faut pourtant s'y tenir encore, & montrer par une troisiéme preuve qu'il est impossible que ces petits corps demeurent dans la même place, sans monter ni descendre durant plusieurs jours.

IV. C'est de la pesanteur, ou de la legereté qui convient à tous les corps, que je vais tirer cette troisiéme preuve. Vous souvenez-vous, Monsieur, de la difficulté que trouvoit Apulée à donner des corps aux genies qu'il vouloit placer au milieu de l'air? Si ces corps *, disoit-il, sont semblables à la matiere terrestre, ils s'affaisseront par leur propre poids; & s'ils ressemblent à la matiere subtile, ou à la flamme, ils prendront l'essor bien-haut. Voila assuré-

* Quod si manifestum flagitat ratio, debere propria etiã animalia in aëre intelligi; superest ut quæ tandem & cujusmodi sint differamus. Igitur terrena nequaquam, devergunt enim pondere: sed nec flammida, ne sursum versus calore rapiantur. *De Deo Socr. p.* 418.

ment ce qu'on doit craindre des petits corps qu'on veut tenir suspendus en l'air. Comment s'assurer qu'ils seront d'un poids tout-à-fait égal à celui des parties du liquide dans lequel ils nagent, pour pouvoir se trouver en équilibre dés qu'ils sortent du corps du meurtrier ? Car pour peu qu'ils soient plus legers ou plus pesans, les voila d'abord ou par terre, ou hors de portée. Il me semble que dans l'hypothese on n'a pas fait attention à cet inconvenient. Car on supose ces petits corps si durs & si compacts, & en même-tems on les destituë si fort de mouvement, qu'ils devroient tomber aussi vîte qu'une bale de plomb ; du moins doivent-ils tomber plus vîte que les vapeurs & les exhalaisons, dés que leur agitation cesse.

Mais faisons * si l'on veut quelque suposition plus favorable. Tâchons

* Cedo igitur mente formemus, & gignamus animo id genus corporum tertia, quæ neque sint tam bruta, quàm terrea, neque tam levia quàm ætherea, sed quodammodo utrimque se jugata. Habeant igitur hæc dæmonum corpora & modicum ponderis, ne ad superna incedant : & aliquid levitatis, ne ad inferna præcipitentur. *Ibid.*

avec Apulée de nous figurer des corps d'une matiere qui ne soit ni trop grossiere ni trop subtile. Je dis, Monsieur, que quelque suposition qu'on fasse, il est impossible que ces petits corps gardent long-tems l'équilibre sans monter ni descendre. La raison en est que la pesanteur & la legereté dépendent non-seulement de la maniere dont les corps sont composez, mais du plus & du moins de mouvement qu'ils ont, & de leur raport avec les corps qui les environnent. Ainsi donnons aux petits corps telle figure & telle configuration qu'il vous plaira, il faut encore sçavoir si nous leur donnerons du mouvement ou non. Si nous les suposons en mouvement, ils se mouvront donc selon la détermination qu'ils auront reçûë en se détachant du corps des meurtriers, & seront par consequent bien-tôt hors du lieu que nous voudrions leur assigner.

Il en sera d'eux comme des parties qui se détachent d'un grain d'encens, lorſqu'on le met ſur un charbon de feu. Comme l'action du feu deſunit ces parties & les pouſſe, les unes d'un côté, les autres de l'autre; aprés avoir formé un petit corps de fumée, nous les voyons ſe ſeparer, & ſe répandre dans toute une ſale, chaque partie ſuivant la quantité & la détermination de mouvement qu'elle a reçûë. Il eſt clair qu'il doit arriver la même choſe aux petits corps dont il s'agit, puiſque aſſurément ils ne tranſpirent que parce qu'ils ont été agitez.

Mais ſi fermant les yeux à tout ce que je viens de dire, nous voulons ſupoſer qu'ils ſont ſans mouvement, vous allez les voir en un inſtant contraints par la matiere ſubtile de deſcendre juſqu'à terre. Je le montre ainſi.

Plus un corps a de mouvement, plus il tend à s'éloigner du centre du tourbillon, & par conſequent plus il monte: la matiere ſubtile qui entoure ces petits corps, a plus de mouvement qu'eux, puiſqu'on les ſupoſe ſans mouvement ; donc elle doit s'éloigner davantage, & par conſequent prendre le deſſus.

Or tout eſt plein, & nul corps ne peut monter qu'un autre ne deſcende ; donc la matiere ſubtile prenant le deſſus, doit faire deſcendre les petits corps ; & comme il ſe trouvera toujours juſqu'à terre de nouvelle matiere ſubtile, ou d'autres corps qui auront plus de mouvement qu'eux, ils ſeront auſſi repouſſez bien vîte juſqu'à terre.

Voila donc en tres-peu de tems la traînée de corpuſcules diſſipée ſans reſſource ſur une riviere. Si ces petits corps tomboient en quelque endroit où il y eut des arbriſſeaux & des plantes, on diroit peut-être qu'ils s'y ſont arrêtez ; mais la riviere coule, & le bateau ne s'arrête pas ; ainſi ſoit qu'ils tombent dans l'un ou dans l'autre, ils ſeront entraînez avec eux.

Donc lorſque Jaques Aymar a ſuivi les meurtriers ſur la riviere, il ne reſtoit plus rien qui pût faire tourner la Baguette.

OBJECTION.

Les plus grands vens, dit-on, ne diſſipent pas la matiere magnetique. Ils n'empêchent pas non plus l'action des petits corps qui nous font voir les objets. *L'arc en-ciel*, ajoûte M. Panthot, *eſt une affection dans l'air, qui ne paroît jamais qu'au milieu des tempêtes & des vens impetueux. Cependant ils ne le changent pas, & il ſubſiſte dans l'air ſans ſortir de ſa ſituation, juſqu'à ce que les diſpoſitions qui le faiſoient naître finiſſent.* Donc on peut ſupoſer que les vens ne diſſipent pas la traînée de corpuſcules que les meurtriers ont répandu dans tous les endroits où ils ont paſſé.

RE'PONSE.

Ceux qui n'ignorent pas la Phyſique, ne ſe ſerviront jamais ſerieuſement de ces exemples, pour prouver que ce qui s'exhale du corps d'un homme, doit malgré les vens demeurer fixe au milieu de l'air. Ils sçavent que la matiere magnetique est répanduë tout au tour de la terre, & qu'elle circule toujours d'un pole à l'autre. Rien donc ne peut la dissiper, parce qu'à mesure que celle qui est dans un endroit est emportée, il en succede d'autre qui produit le même effet ; outre qu'elle est d'une petitesse & d'une agitation qui la font penetrer dans tous les corps.

Il en est de même de la cause qui nous fait voir les objets. Nous ne voyons que lorsque les filamens du nerf optique sont ébranlez, & cet ébranlement est causé par la pression de la matiere qui est entre le corps lumineux & nôtre œil : or cette matiere, qui est celle qu'on apelle la matiere du second élement, ou les globules se trouve par tout ; donc quand le vent, ou quelqu'autre cause que ce soit emporteroit ces petites boules, il en succederoit toujours de nouvelles qui feroient la même impression sur nôtre œil, & qui par consequent

conſequent produiroient en nous le même ſentiment de lumiere.

Supoſons que les globules qui viennent ébranler le fond de l'œil, ſoient A. B. & qu'étant emportez vers quelqu'autre endroit, ils ſoient ſuivis par C. D. Comme ceux-ci ſeront

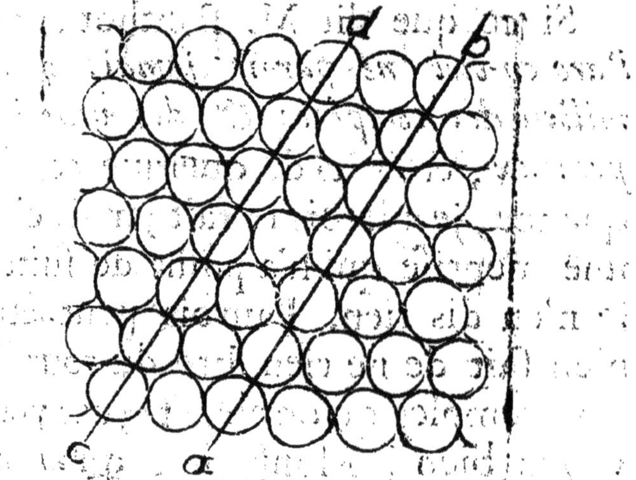

pouſſez de la même maniere, ils ébranleront auſſi de même le fond de l'œil.

L'arc-en-ciel qui ſubſiſte pendant les grands vens, n'a rien, ni de plus difficile à expliquer, ni de plus favorable à la conſequence qu'on en veut tirer. Si l'on ſçait qu'il ſe forme par la reflexion des rayons du Soleil ſur des goutes de pluyes qui ſont en l'air, on concevra aiſément, que ſoit que le vent ſoufle, ou ne ſoufle pas, pourvû qu'une nuée ſe fonde en petites goutes rondes, & que les rayons du Soleil donnent deſſus, la reflexion ſe fera de même, & l'arc-en-ciel paroîtra toujours.

Si ce que dit M. Panthot, que *l'arc-en-ciel ne paroît jamais qu'au milieu des tempêtes & des vens impetueux*, étoit ici de quelque conſequence, je nierois le fait; mais c'eſt une mépriſe qui n'a point de ſuite; je n'en dis rien. J'aurois peut-être bien fait de ne rien dire du tout de ces exemples qu'on objecte; car vous voyez bien, Monſieur, qu'ils ne prouvent nullement que la traînée de corpuſcules doive être toujours dans la même place, puiſqu'au contraire la matiere magnetique & les corps qui portent la lumiere, ſont toujours en mouvement; & que s'ils agiſſent comme s'ils gardoient la même place, c'eſt parceque d'autres corps de même nature leur ſuccedent & produiſent les mêmes effets.

Mais quoique ces exemples ne soient pas justes, ils n'ont pourtant pas laissé d'éblouïir certaines gens, & de faire hesiter des personnes qui ont autant d'esprit qu'en a M. Panthot ; c'est pourquoi je n'ai pas crû devoir les omettre.

OBJECTION.

Des gans bien parfumez conservent tres-long-tems leur odeur ; donc les corpuscules ne se dissipent pas facilement.

RE'PONSE.

Lorsque les petits corps odoriferans ont penetré dans une peau, il faut assurément bien du tems pour les en chasser ; car comme ils ont trouvé prise, que leur mouvement cesse, & qu'il faut que la matiere subtile les détache, il faudra qu'elle passe & repasse bien des fois au travers de toutes les parties de la peau pour les enlever. Mais y a-t-il lieu de conclure de là que des corpuscules répandus dans l'air si arrêteront fort long-tems ?

Je demande à ceux qui font cette objection, s'ils croyent que quelques grains d'ambre qui pourroient parfumer plusieurs peaux, parfumeroient de même l'air pour plusieurs années, si on les faisoit évaporer sur le courant d'une riviere ?

OBJECTION.

Un chien de chasse suit la piste d'un liévre plusieurs heures, & peut-être plusieurs jours aprés qu'il a passé dans un chemin ; donc ce qui s'est exhalé du corps du liévre ne s'est pas dissipé. Il faut donc dire aussi que ce qui s'exhale du corps des meurtriers & des voleurs, peut se conserver fort long-tems.

RE'PONSE.

Je répons 1°. Que la transpiration d'un liévre doit se conserver plus long-têms sur la terre, que la transpiration d'un homme sur la riviere. Le liévre touche presque de tout son corps la terre sur laquelle il passe, ainsi ce qu'il exhale s'y attache facilement. Il se trouve même souvent sur son chemin des pierres, des mottes, des plantes & des arbustes : toutes choses qui donnent prise aux petits corps qui s'exhalent. Mais ce qu'exhale un homme entraîné dans un bateau, ne trouve aucune prise ; donc il doit se dissiper bien plûtôt que ce qui s'est exhalé d'un liévre.

Je répons 2°. que sans chicaner sur la durée de la piste d'un liévre, que le meilleur chien n'apercevroit pas assurément aprés deux ou trois jours, il est constant du moins qu'aprés huit jours la piste est tout-à-fait dissipée ; donc il est insoutenable que ce qu'un homme exhale subsiste en l'air dans une même place des mois & des années entieres.

INSTANCE.

Les chiens ne suivent la piste des Page 41.

lièvres qu'avec le nez, dit M. Garnier, *& Jaques Aymar suit celle des meurtriers avec tout son corps. La disparité est grande ; ainsi il faut un changement bien plus grand pour la lui faire perdre ; il ne faut donc pas s'étonner qu'il puisse retrouver la piste des meurtriers & des voleurs aprés plusieurs années.*

RE'PONSE.

Quelle difference entre les jugemens des hommes ! car naturellement je dirois tout le contraire de ce que conclut M. Garnier. Voici de quelle maniere je voudrois raisonner. Si Jaques Aymar connoissoit les voleurs & les meurtriers par l'odeur ; pour peu qu'il restât de corpuscules, il pourroit les apercevoir ; puisqu'il suffiroit qu'ils fissent quelque impression sur le fond du nez. Mais s'il ne connoit qu'un homme a passé dans un tel chemin que lorsque tout son sang s'agite, qu'il suë, se sent excité à vomir, & qu'une Baguette ſe tord entre ſes mains ; ne dois-je pas conclure que ſi de petits corps répandus dans le chemin produiſent cet effet, il doit en être reſté beaucoup plus, qu'il n'en faut pour exciter le ſentiment de l'odorat ? Me trompé-je ſi je dis qu'il faut moins de force pour venir toucher doucement le fond du nez (*proceſſus mamillares*) qu'il n'en faut pour tordre une Baguette & agiter violemment le corps d'un homme qui la tient ?

Et ſi je pourſuis, ne pourrai-je pas raiſonner ainſi ? ce qu'un animal laiſſe dans le chemin par la tranſpiration diminuë de jour à autre, ou plûtôt d'heure à autre. D'abord les chiens ſuivent fort bien la piſte : quelquefois trois heures aprés, lorſqu'il fait bien chaud à peine la trouvent-ils. Le lendemain la difficulté eſt plus grande : le troiſiéme jour ordinairement ils s'y trompent ; enfin aprés huit ou quinze jours il ne reſte rien qui puiſſe être ſenti par le nez le plus fin ; donc il eſt inſoutenable qu'aprés pluſieurs mois, ou pluſieurs semaines, il reste dans le chemin qu'a tenu un voleur, ou un meurtrier assez de corpuscules, pour agiter avec violence le sang d'un homme & faire tourner une Baguette: or Jaques Aymar a suivi les meurtriers de Lyon un mois aprés le meurtre; M. Garnier m'aprend que sa Baguette a tourné sur la piste d'un voleur sept ou huit mois *a* aprés le vol, & sur celle d'un meurtrier vingt-cinq ans *b* aprés le meurtre; donc il est clair qu'il faut recourir à autre chose qu'à la transpiration des meurtriers & des voleurs, pour trouver la cause de l'agitation d'Aymar & du tournoiment de la Baguette: mais par l'Analyse de M. Chauvin, de M. Garnier, & de l'Auteur de l'hypothese qui est dans le Journal, tout autre corps a été exclu; donc nul corps n'a fait tourner la Baguette.

a Page 98.

b Page 107.

Voila, Monsieur, ce que je voulois montrer, je croi l'avoir fait, & il m'est aisé de le confirmer en deux mots par une observation qui devoit

ôter

ôter à tout Philosophe l'envie de faire un systéme sur la Baguette.

Que les corpuscules exhalez du corps des meurtriers, n'ont pû faire tourner la Baguette sur la mer pendant la tempête.

ON nous dit dans la Relation qui a été déja plusieurs fois imprimée, que MALGRÉ LA TEMPESTE LA BAGUETTE SUIVIT INUTILEMENT LES MEURTRIERS SUR LES ONDES JOURNÉE PAR JOURNÉE. Pour peu de reflexion qu'on y fasse, on verra qu'il n'est pas possible qu'Aymar ait passé sur la traînée qu'avoient laissé les meurtriers ; car y auroit-il aparence que son bateau agité par la tempête, eut suivi sur la même ligne celui des meurtriers ? Il n'y a cependant sur ce fait que deux partis à prendre, ou d'avoüer que la Baguette ne laissoit pas d'indiquer l'endroit où les meurtriers avoient abordé, quoique le bateau d'Aymar fut emporté de côté & d'autre hors de la route des meurtriers ; & par consequent chercher une autre cause du tournoiment de la Baguette que la pretenduë traînée de corpuscules ; ou bien de dire que la vertu de la Baguette plus forte que celle du vent, faisoit faire au bateau d'Aymar le même chemin qu'avoit fait celui des meurtriers. Le secret seroit beau, & nous pourrions bien nous vanter d'en sçavoir plus que les Lapons avec tous leurs nœuds magiques. Je suis, &c.

A MONSIEUR ***.

On montre que non-ſeulement les ſyſtémes qu'on a faits juſqu'à preſent ne contentent pas, mais qu'il eſt impoſſible qu'on en faſſe jamais aucun qui explique phyſiquement tous les phenomenes de la découverte du meurtre de Lion.

PUiſque vous étes perſuadé, Monſieur, que la vapeur des meurtriers n'a pû s'arrêter le long du chemin, comme l'avoient ſupoſé les Auteurs des ſyſtémes, la queſtion eſt donc decidée. Tout rouloit ſur cette vapeur ; elle étoit l'unique cauſe materielle qui pût agiter Aymar, & faire tourner la Baguette. Aymar a été émû, la Baguette a tourné, là où la vapeur n'étoit point ; rien de plus naturel que de conclure qu'il ne se trouve aucune cause materielle qui produise de tels effets. Ainsi me voila dispensé de prouver que la traînée des petits corps ne pourroit faire ce qu'on lui attribuë, quand même elle subsisteroit toujours ; j'en suis fort aise. Ce n'est pas qu'il ne soit tres-facile de le démontrer ; mais c'est qu'il faut abreger & se tenir à ce qui est décisif. Plus on étend les disputes, plus il se forme des voiles qui obscurcissent la verité, ou qui font perdre de vûë la question principale à la plûpart des esprits. Aussi suis-je ravi de ne vous avoir pas écrit dés que j'eus lû les Dissertations de Lion. Frapé de plusieurs articles qui ne me plaisent pas, j'aurois jetté sur le papier bien des choses qu'il est plus à propos de passer.

Il me semble que l'usage de la Baguette est tel à present, qu'avec quelques reflexions sur la pratique de plusieurs personnes, & sur les circonstances qui accompagnent les faits, il n'est pas de systéme dont on

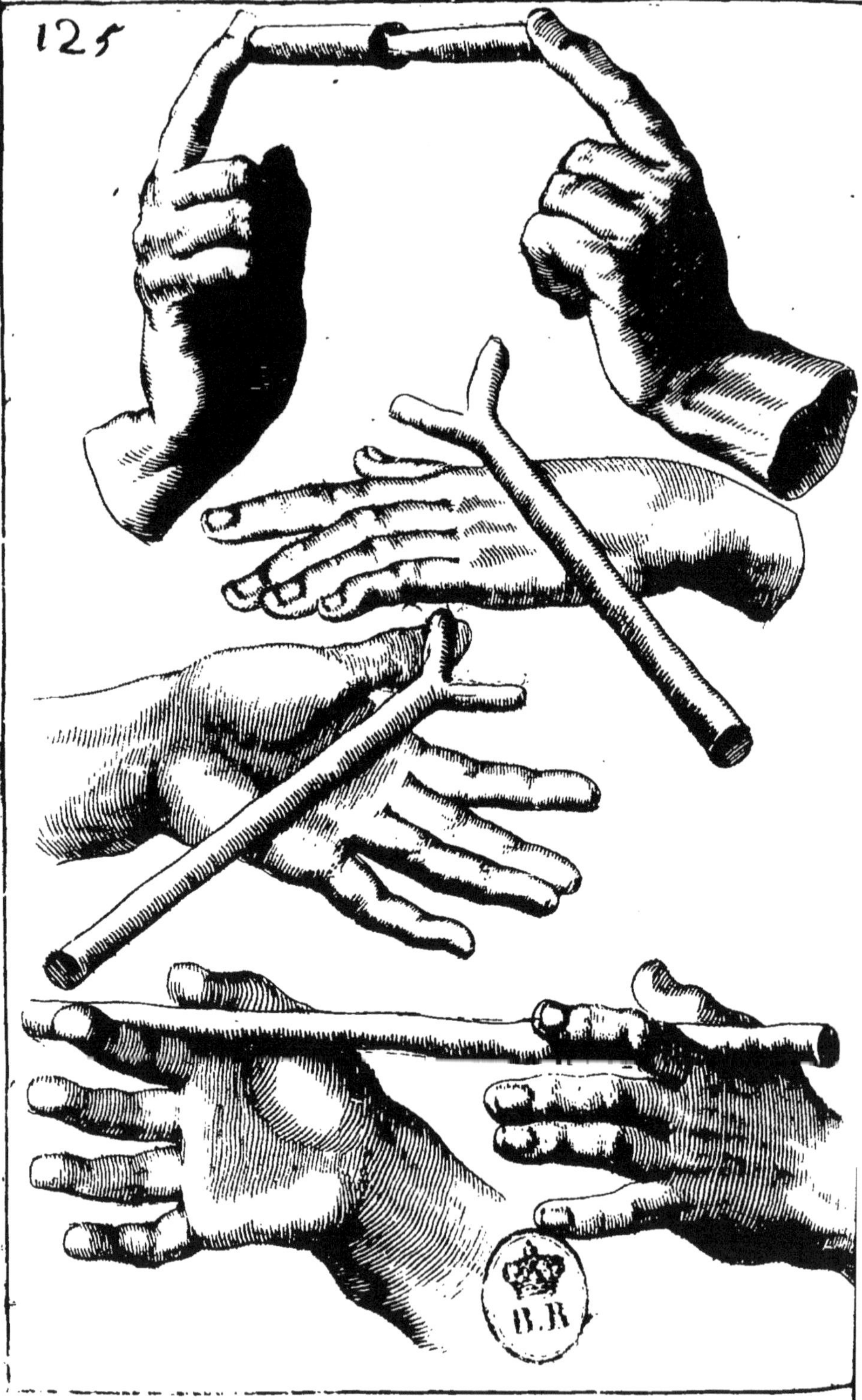

ne montre le défaut, ſans entrer en de longues diſcuſſions.

Si l'on me demandoit par exemple, ce que je penſe de la maniere dont M. Garnier, M. Chauvin, & quelques autres expliquent le tournoiment de la Baguette, je ne voudrois pas parler des paralogiſmes que j'ai remarqué dans leurs explications. Les uns, dirois-je, ont recours aux *muſcles flechiſſeurs*, les autres à la figure de la Baguette, & tous à la maniere de la tenir ; il faut qu'ils cherchent autre choſe ; car Jaques Aymar ſe ſert quelquefois d'un ſimple bâton tout droit qu'il tient dans une de ſes mains, ou qu'il ſoutient ſur ſes doigts, les mains éloignées l'une de l'autre. Monſieur le Royer *a*, & pluſieurs autres, prennent une Baguette fourchuë d'un pied de longueur, la poſent ſur une main ouverte & étenduë, & dans toutes ces ſituations, la Baguette ne laiſſe pas de tourner. Le P. Kirker *b* a vû des Allemans qui coupoient en deux moitiez un petit bâton de

a *De l'inclination des arbres, art.* 7.

b De arte magnet. *l.* 3. *p.* 5. *c.* 3.

coudre, creusoient un des bouts, & coupoient l'autre en pointe, & les enchassant ils tenoient la Baguette comme vous voyez à côté. Deux doigts seulement touchoient les bâtons, & cela n'empêchoit pas qu'ils ne s'agitassent sur une mine. En faut-il davantage pour faire entendre que le mouvement de la Baguette dépend de quelqu'autre cause que d'une certaine figure & des muscles flechisseurs?

J'en dirois autant de ce qu'on pretend qui donne tant de mouvement, & aux *muscles flechisseurs*, & à la Baguette. C'est, dit-on, la grande fermentation du sang de celui qui la tient. Qu'il y auroit à redire sur ce qu'on avance de la cause & des effets de cette fermentation! Mais pourquoi disputer? tous ces symptomes sont de nouvelle datte; il y a trois ou quatre ans qu'Aymar n'en ressentoit point. Quelque remûment aux orteils pour pouvoir connoître sans Baguette s'il passoit sur ce qu'on lui faisoit chercher, c'est tout ce qu'il avoit de ſingulier; c'étoit bien aſſez; car ce tremouſſement des orteils & le tournoiment de la Baguette dépendoient de ſon intention; & n'arrivoient que ſur ce qu'il vouloit découvrir; uniquement ſur les bornes, s'il ne cherchoit autre choſe. Quoiqu'il en ſoit, il n'avoit pas ces convulſions, lorſqu'aux priſons de Grenoble il découvrit des voleurs. Il eſt conſtant que *ſur l'eau & ſur les métaux il ne ſent ni douleur ni émotion, ni treſſaillement.* M. Garnier nous l'aprend lui-même, & cela ſeul devoit bien lui ſuffire pour conclure que puiſque la Baguette ne laiſſe pas de tourner en ces occaſions, le tournoiment ne dépend pas de la fermentation du ſang. Il devoit bien voir auſſi que c'eſt être un peu trop inventif, que d'employer cette fermentation à faire *ſortir en foule du corps d'Aymar des corpuſcules faits de maniere qu'ils laiſſent entrer librement la matiere ſubtile dans les pores du bois où ils s'introduiſent, & qu'ils en embaraſſent la ſortie ſelon la me-*

Page 103. & 104.

Page 30

chanique des valvules du cœur, & le jeu des soupapes dans les pompes ordinaires.

Que cela est commode d'avoir en main des corpuscules, prêts à prendre toutes sortes de formes. Ceux qui sortent du corps d'un homme, sont quand on le veut, si bien percez, que la matiere subtile passe au travers en tout sens. Souhaite-t'on que semblables à des soupapes, ils ne laissent rien entrer que d'un côté; on les supose tels. Aymar n'exhale plus que des soupapes qui vont se ranger sur la Baguette, bouchent tous les pores, & s'y disposent de telle maniere, que touchant le bois par le côté le plus resserré, ils presentent toujours la grande ouverture à la matiere subtile; elle entre & se trouve prise comme dans des filets, tous les pores lui sont fermez, ils sont gardez par des soupapes qu'elle ne peut enlever, il faut qu'elle rode dans la Baguette, la torde, la rompe, ou la fasse tourner.

Mais je viole la loi que je me suis

faite ; je coupe donc ici tout court, & je vais vous montrer ſerieuſement, que non-ſeulement les ſyſtémes qu'on a faits juſqu'à preſent ne ſçauroient expliquer raiſonnablement les effets de la Baguette, mais qu'il eſt impoſſible qu'on en faſſe jamais aucun ; & que quelques principes qu'on admette, il faut neceſſairement avoüer qu'une cauſe materielle n'a pû produire les phenomenes qu'on a obſervez dans la découverte du meurtre de Lion, & dans pluſieurs épreuves qu'on a faites de la Baguette.

La ſeule choſe que je demande, eſt que vous remarquiez, s'il vous plaît, avec quelque ſoin les faits, & les circonſtances qui les accompagnent. Je vais vous en faire un précis. Vous ferez là-deſſus vos reflexions ; je me flate qu'elles ne ſeront pas differentes des miennes, & que bien-tôt vous ſerez entierement perſuadé de ce que je viens d'avancer.

Comme la Relation de Monſieur l'Abbé de la Garde eſt la plus ample, la plus travaillée, & celle que Messieurs Chauvin & Garnier ont suivie, c'est aussi celle que je suis. Je ne fais qu'y ajoûter quelques circonstances écrites par des témoins oculaires, personnes illustres & dignes de foi.

Histoire de la découverte du meurtre de Lion, sur la Relation de Monsieur l'Intendant, de Monsieur le Procureur du Roi, de Monsieur l'Abbé de la Garde, de Monsieur Panthot, Doyen des Medecins de Lion, & de Monsieur Aubert, Avocat celebre.

LE cinquiéme de Juillet 1692. un vendeur de vin & sa femme, furent tuez à coups de serpe dans une cave, & leur argent fut volé dans une boutique qui leur servoit de chambre. On ne peut ni soupçonner ni découvrir les auteurs du crime, & un voisin fit venir à Lion un païsan de Dauphiné nommé Jaques Aymar, qui depuis quelques années est en reputation de suivre la piste des voleurs, des meurtriers, & des choses dérobées, guidé par une Baguette de toute espece de bois, qui tourne entre ses mains, sur l'eau, sur les métaux, sur les bornes des champs, & sur plusieurs autres choses cachées.

Aymar arrive, & promet à Monsieur le Procureur du Roi d'aller sur les pas des coupables, pourvû qu'il commence par descendre dans la cave, où l'assassinat avoit été fait. Monsieur le Lieutenant Criminel, & Monsieur le Procureur du Roi l'y conduisent. On lui donne une Baguette du premier bois qu'on trouve. Il parcourut la cave, & sa *Baguette ne fit aucun mouvement que sur le lieu où l'artisan avoit été assassiné.* Dans cet endroit Aymar fut émû, son pous s'éleva comme dans une grosse fiévre ; la Baguette qu'il te-

M. le Procureur du Roi. Mercure d'Aoust page 114.

noit en ses mains tourna rapidement, & toutes ces émotions redoublerent sur l'endroit où l'on avoit trouvé le cadavre de la femme. Aprés quoi guidé par la Baguette, ou par un sentiment interieur, il alla dans la boutique où le vol avoit été fait; & de là suivant dans les ruës la piste des assassins, il entra dans la cour de l'Archevêché, sortit de la ville par le pont du Rhone, & prit à main droite le long de ce fleuve. Trois personnes qui l'escortoient furent témoins qu'il s'apercevoit quelquefois de trois complices; quelquefois il n'en comptoit que deux. Mais il fut éclairci de leur nombre en arrivant à la maison d'un Jardinier, où il soutint opiniâtrement qu'ils avoient entouré une table vers laquelle sa Baguette tournoit; & que de trois bouteilles qu'il y avoit dans la chambre, ils en avoient touché une, sur laquelle sa Baguette tournoit aussi.

Relatió de M. Aubert » On veut sçavoir du Jardinier, si lui, » ou quelqu'un de ses gens n'avoit » point parlé aux meurtriers; mais on on n'en peut rien tirer. On fait venir les domestiques, la Baguette ne les connoît point. Enfin deux enfans de neuf à dix ans paroissent, la Baguette tourne; on les interroge, & on leur fait avoüer qu'un Dimanche au matin trois hommes qu'ils dépeignirent s'étoient glissez dans la maison, & avoient bû le vin de la bouteille que l'homme à la Baguette indiquoit.

Cette découverte fit croire qu'Aymar n'imposoit pas. Toutefois avant que de l'envoyer plus loin, on crût qu'il étoit à propos de faire une experience plus particuliere de son secret. Comme on avoit trouvé la serpe dont les meurtriers s'étoient servis, on prit plusieurs autres serpes de la même grandeur, & on les porta dans le jardin (*de Monsieur de Mongivrol*) où elles furent enfoüies en terre, sans que cet homme les vit. On le fit passer sur toutes les serpes, & la Baguette tourna seulement sur celle dont on s'étoit servi pour le meurtre.

M. le Procureur du Roi. Mercure d'Aoust.

Monsieur l'Intendant lui banda les yeux, aprés quoi on cacha ces mêmes serpes dans l'herbe, & on le mena au lieu où elles étoient. La Baguette tourna toujours sur la même serpe sans remuer sur les autres.

Aprés cette experience, on lui donna un Commis du Greffe, & des Archers pour aller à la poursuite des assassins. L'on fût au bord du Rhone, à demi lieuë plus bas que le pont; & leurs traces imprimées dans le sable sur le rivage, montrerent visiblement qu'ils s'étoient embarquez. Ils furent exactement suivis par eau, & le païsan fit conduire son bateau dans des routes, & sous une arche du pont de Vienne, où l'on ne passe jamais; ce qui fit juger qu'ils n'avoient point de batelier, puisqu'ils s'écartoient du bon chemin sur la riviere.

Durant ce voyage le villageois faisoit aborder à tous les ports où les scelerats avoient pris terre, alloit droit à leur giste, & reconnoissoit au grand étonnement des hôtes

& des ſpectateurs, les lits où ils avoient couché, les tables où ils avoient mangé, les pots & les verres qu'ils avoient touchez.

On arrive au camp de Sablon; le païſan ſe ſent émû, il eſt perſuadé qu'il voit les meurtriers, & n'oſe pourtant faire agir ſa Baguette pour s'en convaincre, car il craint que les ſoldats ne ſe jettent ſur lui. Frapé de cette peur il revient à Lion.

On le renvoye au camp dans un bateau avec des Lettres de recommendation. Les criminels en ſont partis avant ſon retour; il les pourſuit juſqu'à Beaucaire, & dans la route il viſite toujours leurs logis, marque ſans ceſſe la table & les lits qu'ils ont occupez, les pots & les verres qu'ils ont maniez pour boire.

« Lorſqu'il fut à Beaucaire, il con- « nut par ſa Baguette qu'ils s'étoient « ſeparez en y entrant. Il s'attacha à « la pourſuite de celui dont les traces « excitoient plus de mouvement à ſa « Baguette. Il s'arrêta devant la porte

M. le Procureur du Roi.

d'une prison, & dit positivement qu'il y en avoit un là-dedans. On ouvrit, on lui presenta douze ou quinze prisonniers, parmi lesquels un bossu qu'on y avoit enfermé depuis une heure pour un petit larcin, fut celui que la Baguette designa pour un des complices.

On chercha les autres. Aymar découvrit qu'ils avoient pris un sentier aboutissant au chemin de Nismes, & le Bossu fut conduit à Lion.

Au commencement il nioit d'avoir eu la moindre connoissance, ni de ce forfait, ni des coupables, & même d'avoir jamais été à Lion : cependant comme on le conduisoit sur la route, où il avoit passé en descencendant à Beaucaire, & qu'il fut reconnu dans toutes les maisons où il s'étoit arrêté, il avoüa qu'il avoit bû & mangé avec les complices, generalement dans tous les lieux que la Baguette avoit indiquez ; & ayant été interrogé à Lion dans les formes, il declara qu'il avoit été present à l'assassinat & au vol, & que les

les deux complices qu'il nomma, avoient tué, l'un le mari, l'autre la femme.

Deux jours aprés, Aymar avec la même escorte fut renvoyé au sentier dont on a parlé, pour y reprendre la piste des autres complices; & sa Baguette le ramena dans Beaucaire, à la porte de la même prison, où l'on avoit trouvé le premier.

Il assuroit qu'il y en avoit encore un là-dedans, & n'en fut détrompé que par le Geolier, qui lui dit, qu'un homme tel qu'on décrivoit un de ces deux scelerats, y étoit venu depuis peu demander des nouvelles du bossu.

On se remit ensuite sur leurs vestiges: on fut jusqu'à Toulon dans une hôtelerie, où ils avoient dîné le jour precedent: on les poursuivit sur la mer, où ils s'étoient embarquez: on reconnut qu'ils prenoient terre de tems en tems sur nos côtes, qu'ils y avoient couché sous des oliviers; & malgré les tempêtes la Baguette les suivit inutilement sur les ondes journée par journée, jusqu'aux derniers limites du Royaume.

Le procés du bossu s'instruisoit cependant avec une singuliere exactitude ; & quand le païsan fut de retour, ce criminel qui ne se donnoit que dix-neuf ans ; fut condamné le 30. d'Aoust à être rompu vif sur les Terreaux.

REFLEXION.

Comme la Baguette a particulierement indiqué le bossu, on demandera peut-être s'il a eu plus de part au meurtre que les autres complices. Monsieur Panthot dit qu'Aymar a toujours soutenu que cela devoit être ainsi. Cependant il paroît par toutes les Relations, que le bossu ne fit que garder la porte de la cave, & qu'il n'assassina point. Mais c'est un fait & une difficulté qu'il faut laisser débroüiller à ceux qui veulent expliquer physiquement les phenomenes de la Baguette ; car il ne doit pas leur être indifferent que celui qui n'a pas trempé ses mains dans le sang, soit pourtant celui-là même

qui ait plus agité le corps d'Aymar, & qui ait produit en lui les mêmes symptomes qui le prenoient sur le lieu du meurtre.

Experiences faites à Lion à l'occasion de la découverte du meurtre.

RIen ne contribuë tant à découvrir la cause des effets su prenans, que les experiences faites par plusieurs personnes, en divers tems & en differentes circonstances.

Experiences & observations de Monsieur le Procureur du Roi.

Tirées d'une Lettre inserée dans le Mercure de Septembre, dans laquelle l'Auteur dit qu'il n'a eu de commerce durant cinq ou six jours qu'avec sept ou huit personnes qui faisoient tourner la Baguette.

I. *LA Baguette dont on se sert, est faite ordinairement en fourchette, que l'on tient par les deux bouts. On peut neanmoins se servir d'u. e Baguette simple, & la tenir dans les deux mains un peu pliée en arc, afin qu'elle en tourne plus promptement. Quand elle ne seroit pas ployée, ou que même on ne la tiendroit que dans une main, elle ne laisseroit pas de tourner.*

II. *Par les recherches que j'ai faites, il ne me paroît pas que la subtilité des sens, la délicatesse des organes, les regimes de vie, les passions, l'éducation, contribuent en rien à cette vertu, ayant trouvé tout cela fort different dans ceux qui la possedent.*

III. *Je n'ai observé les symptomes ordinaires, c'est-à-dire, les tremblemens, les sueurs, les maux de tête, &c. que dans le cas du meurtre; car dans les autres cas, ceux qui ont cette vertu ne ressentent qu'une agitation interieure, que la plûpart même ne remarquent que parce que la Baguette tourne.*

IV. *L'agitation & les symptomes sont plus violens sur la terre que sur l'eau, mais cela est égal dans une cave, ou en plein air, de même que pendant la santé, ou l'indisposition de ceux qui ont cette vertu.*

V. *Je n'ai point remarqué jusques-ici que la jeunesse ou la vieillesse servissent de quelque chose à augmenter ou à diminuer cette vertu, ni que les symptomes en soient plus violens dans ceux qui ont mangé que dans ceux qui sont à jeun.*

Experiences & obſervations écrites à Monſieur l'Abbé Bignon par une perſonne de qualité.

VOici, *Monſieur, ce qui m'arriva hier au ſoir. Monſieur le Procureur du Roi d'ici, qui par parentheſe eſt un des plus ſages & des plus habiles hommes de ce païs, me vint prendre ſur les ſix heures, & me mena à la maiſon où s'étoit fait le meurtre. Nous y trouvâmes M. Grimaut Directeur de la Doüane, que je connois pour un fort honnête-homme, & un jeune Procureur nommé Beſſon, que je ne connoiſſois pas, & que M. le Procureur du Roi me dit avoir la vertu de la Baguette, auſſi bien que M. Grimaut. Nous deſcendîmes tous deux dans une cave, où le meurtre s'étoit commis; & toutes les fois que M. Grimaut & ce Procureur paſſoient ſur le lieu où le meurtre s'étoit fait, & où il y avoit encore du ſang, les Baguettes qu'ils tenoient en leurs mains ne manquoient jamais de tourner, & ne tournoient plus aussi-tôt qu'ils avoient passé cet endroit. Nous fîmes ce manege pendant une grosse heure, & quantité d'experiences sur la serpe meurtriere, que M. le Procureur du Roi avoit fait aporter avec lui, qui se trouverent toutes justes. Je remarquai des choses extraordinaires au Procureur. La Baguette lui tournoit bien plus fortement qu'à M. Grimaut; & lorsque je mettois un de mes doigts dans chacune de ses mains, pendant que la Baguette tournoit, je sentois des battemens d'arteres tout-à-fait extraordinaires dans ses mains..... Il avoit le poulx élevé comme dans une grosse fiévre. Il suoit à grosses goutes. Il faloit de tems en tems qu'il allât prendre l'air dans la cour.*

Experiences & observations de Monsieur Panthot.

NOus commençâmes par la cave dans laquelle on a commis ce meurtre, où l'homme du bâton craignoit d'entrer, parce qu'il souffre des agita-

tions violentes, qui le saisissent quand il fait operer le bâton sur la place où les corps ont été assassinez.

A l'entrée de la cave on me remit le bâton entre les mains, que le maître prit soin de disposer de la maniere la plus convenable à son operation ; je passai & repassai sur les lieux où l'on avoit trouvé les cadavres, le bâton fut immobile, & je ne ressentis aucune agitation. Une personne de consideration, & de merite, qui étoit avec nous, prit le bâton aprés moi, il fit quelque mouvement entre ses mains, & se sentit interieurement agité ; ensuite le maître du bâton le porta sur tous ces mêmes lieux, & il tourna si fortement, que le bâton étoit plus prêt à rompre qu'à s'arrêter.

Ce païsan quitta d'abord la compagnie pour tomber en défaillance, à son ordinaire ; je le suivis. Il est vrai qu'il pâlit beaucoup, il sua, & il eut le poulx extrémement agité pendant un quart-d'heure ; & le mal fut si considerable, que l'on fut contraint de lui jetter de l'eau sur le visage, & de lui en donner à boire pour le remettre.

Au sortir de ce lieu, nous allâmes chez Monsieur le Procureur du Roi, où nous vîmes le mouvement du bâton sur la serpe, qui a fait le coup, preferablement à plusieurs autres avec lesquelles elle étoit mêlée; le bâton fit encore quelque mouvement entre les mains de la personne de consideration, qu'il avoit éprouvé dans la cave, & il n'eut aucun effet pour moi.

Nous terminâmes enfin nos experiences dans la prison, où le criminel ayant été presenté à l'homme du bâton, & l'ayant touché avec le bout du pied, il tourna avec une grande vîtesse, jusqu'à ce qu'il l'eut quitté, pour le remettre à d'autres ausquels il ne donna aucun signe.

Tirées de la Relation qu'il a composée.

Experiences faites en presence de Monsieur l'Abbé de la Garde, & de plusieurs autres personnes distinguées.

O*N l'invita* (Monsieur l'Abbé de la Garde) *à voir les experiences;* &

& la premiere fois qu'il y fut apellé, le villageois devant des personnes distinguées, & en sa presence, parcourut la cave, marqua par les mouvemens de sa Baguette les deux endroits où le vendeur de vin & son épouse étoient tombez en mourant, fut abondamment moüillé de sueur, eut le poux élevé, demeura plus d'une heure en cet état.

Un homme de merite qui trouve les sources, étoit à la cave, & prit la Baguette qui tourna sur les mêmes places. Il sentit d'abord un grand mal de cœur, dont il se remit en un moment, & fut au cabinet de Monsieur le Procureur du Roi. La serpe sanglante, & deux autres de la même grandeur & du même ouvrier, y furent rangées à demi-aûne de distance l'une de l'autre. Il posa le pied sur chacune successivement, & la Baguette ne tourna que sur la sanglante.

On a vû une femme âgée d'environ soixante ans, sçavante à chercher les sources, qui n'a fait neanmoins tourner la Baguette à la cave que tres-imparfaitement.

On a pris garde que la Baguette entre les mains du païſan, ne tourne ſur la bouteille que du côté de l'ance par où les aſſaſſins la tenoient ſans doute. On a obſervé que pour avoir ôté de cette cave la terre abrevée de ſang, & mis quantité de mortier à la place, la Baguette ne laiſſe pas d'y tourner. On a ſuivi à la piſte des choſes dérobées, & on a dévelopé des larcins.

Experiences & obſervations de Monſieur Garnier.

MOnſieur le Lieutenant General avoit été volé il y a ſept ou huit mois par un de ſes laquais qui lui avoit pris environ vingt-cinq écus dans un des cabinets qui ſont derriere ſa Bibliotheque. Il demanda à Aymar s'il pourroit connoître l'endroit où il avoit été volé. Aymar fit pluſieurs tours dans ce cabinet avec ſa Baguette aux mains, mettant le pied ſur les chaiſes, ſur les meubles, & ſur deux bureaux qui ſont dans ce cabinet, à chacun deſquels il y a pluſieurs tiroirs : il ne ſe trompa point, il reconnut précisément le bureau & le tiroir dans lequel avoit été fait ce vol. Monsieur le Lieutenant General lui dit ensuite, d'essayer de suivre à la piste ce voleur; ce qu'il fit. Sa Baguette le mena d'abord sur la terrasse neuve qui est à plein-pied dudit cabinet, de là dans le cabinet prés du feu, puis dans la Bibliotheque, & de là droit dans la montée à la chambre des valets, où la Baguette tournant toujours, le conduisit sur un lit, sur la moitié duquel seulement la Baguette tourna, ne tournant point du tout sur l'autre moitié: & tous les autres laquais là presens, dirent que c'étoit dans cette moitié de lit sur laquelle la Baguette tournoit, qu'avoit toujours couché le laquais voleur, qui pour lors n'étoit plus dans la maison, un autre laquais ayant toujours couché de l'autre côté Monsieur le Lieutenant General se souvint positivement que le jour que ce laquais le vola, il alla de ce cabinet à deux ou trois pas dans sa terrasse pour prendre du bois, puis entra dans le cabinet pour lui faire du feu, ensuite traversa sa Bibliotheque pour monter à la chambre des valets.

Lorsque la Baguette tournoit sur la piste du laquais voleur & absent, Aymar mit son pied sur le pied de tous les laquais de la maison les uns aprés les autres, & leur presenta la Baguette, laquelle cessa de tourner, parce qu'il n'y en avoit aucun de coupable, Aymar assurant toujours que si on faisoit venir le laquais voleur, la Baguette tourneroit sur lui, & qu'il le connoîtroit.

Je lui fis ensuite plusieurs questions. Je lui demandai si la Baguette tournoit aussi bien sur l'eau comme sur la terre, sur mer, & au milieu d'une riviere comme au bord ?

Il a répondu qu'oüy.

S'il est vrai qu'il ressente des syncopes, des tressaillemens, & des grandes émotions en suivant les meurtriers, les voleurs, l'eau, les bornes transplantées, & l'argent caché ?

Il répondit qu'il ne sentoit aucune douleur, ni aucun trouble en suivant *les voleurs, l'eau & l'argent ; mais qu'il ſentoit de violentes agitations en ſuivant les bornes tranſplantées & les meurtriers, ſur tout là où les meurtriers s'étoient arrêtez, & là où avoit été fait le meurtre.*

Comment il feroit pour ne pas ſe tromper, lorſque ſur la piſte d'un meurtrier, ou d'un voleur, il y auroit de l'eau, ou de l'argent cachez, ou des bornes tranſplantées ; & ſi lorſque ſa Baguette tournoit, il pouvoit diſtinguer par quelque ſigne pour laquelle de ces choſes elle tournoit, puiſqu'elle avoit la vertu de tourner pour chacune de ces choſes ?

Il répondit que ſi en cherchant de l'eau, il trouvoit de l'argent, il ne pouvoit ſe tromper, parce que ſa Baguette tournoit auſſi bien pour l'eau, que pour l'argent caché, ſans qu'il ſe paſſât chez lui aucune émotion, ni aucun treſſaillement : que s'il rencontroit la piſte d'un voleur, qu'il ne cherchoit pas, cela ne pouvoit le faire tromper ; parce que pour pouvoir ſuivre la piſte d'un voleur, il faut qu'il ait été une fois mis sur l'endroit où a été fait le vol, sans quoi il ne peut plus suivre cette piste.

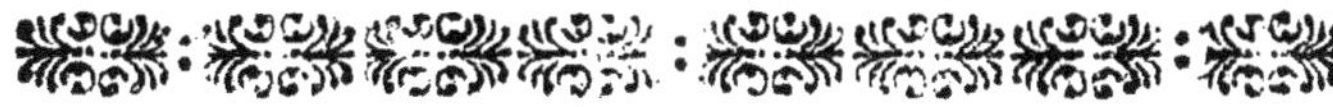

Reflexions sur l'histoire de la découverte du meurtre de Lion, & sur les experiences & les observations precedentes.

Que nulle cause physique qui agisse necessairement, n'a pû faire tourner la Baguette; mais qu'il faut recourir à une cause intelligente, qui s'accommode ordinairement aux desirs de ceux qui la consultent.

JE ne supose qu'un principe qui sera dévelopé ailleurs, mais qui est assez clair & assez sensible pour être reçû de tout le monde sans preuve & sans explication; c'est qu'*une cause physique & materielle agit toujours de la même maniere dans les mêmes circonstances physiques.* Voyons donc ſi la Baguette ſe remuë toujours dans les mêmes circonſtances phyſiques, ou ſi ce n'eſt point quelque choſe de moral qui la détermine à tourner.

Comme toutes les experiences qui ſe ſont faites à l'occaſion du meurtre, ont commencé par la cave où le meurtre s'eſt fait, commençons auſſi par là nos reflexions.

I.

Monſieur le Lieutenant Criminel & Monſieur le Procureur du Roi, ont été témoins que la Baguette ne tourna que dans les deux endroits, où le vendeur de vin & ſa femme avoient été tuez. Pourquoi n'a-t'elle pas tourné dans tous les autres endroits de la cave? n'eſt-il pas ſorti des deux cadavres un flux de petits corps qui ſe ſont répandus de tous côtez? du moins devroit-il y en avoir autant qu'il en eſt demeuré tout le long du chemin de Lion à Beaucaire ſur le Rhône; & puiſque la Baguette tourne ſur ce fleuve, elle devroit bien tourner aussi dans l'endroit où les meurtriers ont passé en sortant de la cave. Mais je voi bien ce que c'est. On veut sçavoir ailleurs, quel chemin ont tenu les meurtriers, & on consulte sur cela la Baguette ; elle répond. On ne la consulte pas à la cave, pour sçavoir par où les meurtriers en sont sortis ; cela est trop clair. Tout ce qu'on demande, c'est qu'elle designe les deux endroits où les cadavres sont tombez ; c'est aussi tout ce qu'elle indique. Tirez s'il vous plaît la consequence.

Si Jaques Aymar n'étoit entré qu'une seule fois dans la cave, quelqu'un diroit peut-être, que la Baguette ne devoit tourner que sur l'endroit où s'étoit fait le meurtre, parce qu'il devoit y prendre son impression, s'y aimanter comme ils disent, mais on l'y a fait aller fort souvent ; & toutes les fois qu'il y a été, soit en presence de M. l'Abbé de la Garde, ou de M. Panthot, & de plusieurs autres personnes, la Baguette a toujours précisément designé les deux endroits du meurtre, lors même qu'on avoit ôté la terre abreuvée de sang, & mis quantité de mortier à sa place.

II.

L'experience qui fut faite en presence de M. l'Intendant, & de plusieurs autres personnes distinguées, est fort remarquable. On prend la serpe dont les meurtriers s'étoient servis, on en choisit deux semblables, on cache toutes les trois en terre ; & pour avoir une preuve de la vertu singuliere de la Baguette, on demande qu'elle ne tourne que sur la serpe des meurtriers. Pourquoi voulez-vous, auroit-on pû dire, que la Baguette ne tourne que sur une des serpes ? il est de notorieté publique, qu'elle tourne sur les métaux, elle doit donc tourner sur les trois serpes, puisqu'elles sont de fer. Mais Aymar sçait que la Baguette s'accommode à son intention, & aux desirs de ceux qui la consultent. Il fait l'épreuve, & la baguette ne tourne que sur la serpe des meurtriers. L'experience est plusieurs fois réiterée, & par Aymar & par quelqu'autres personnes : tantôt on cache les serpes, tantôt on les met à découvert ; & soit qu'elles se trouvent éloignées l'une de l'autre, ou fort prés, la baguette ne laisse pas de les discerner; elle ne tourne que sur celle des meurtriers. Ou est donc cette vapeur, ou sont ces petits corps qui s'exhalent des métaux, & qui doivent faire tourner la baguette?

Ne nous dira-t'on pas que la seule serpe qui avoit servi au meurtre des meurtriers, devoit agiter la baguette, parcequ'Aymar avoit été à la cave, qu'il s'y *étoit aimanté*, & que ses pores s'étoient ouverts d'une telle maniere, qu'ils ne pouvoient plus donner passage qu'aux petits corps qui s'étoient exhalez pendant le meurtre. Il est de tels Physiciens dans le monde, qui s'aplaudiroient sur une telle réponse. Je ne voudrois pas leur repartir, ni par principes ni par raisonnemens, de peur de leur faire dire des pauvretez qui nous meneroient bien loin. Des faits, leur dirois-je, doivent vous détromper. Aymar comme bien d'autres, sçait trouver en un même jour, de l'eau, des métaux, les bornes des champs, les voleurs, & les meurtriers. Chez M. le Lieutenant General de Lion, il suivit la piste d'un vol de sept, ou huit mois, & fit plusieurs autres experiences. Ainsi il est toujours *aimanté* pour tous ses secrets; outre qu'il faudroit bien moins penser à *aimanter* son corps que sa baguette; puisque c'est elle qui doit être agitée, quoique lui-même ne soit pas toujours agité. Cependant il peut à tout moment changer de baguette, sans craindre qu'elle en tourne moins.

III.

Passons à la maison du Jardinier. La baguette y conduit le Devin, & fait connoître que les meurtriers y sont entrez. Elle tourne sur la table qu'ils ont entourée, ſur les bancs où ils ſe ſont aſſis, ſur les pots & ſur les verres qu'ils ont touché ; & de trois bouteilles qui étoient dans la chambre, elle ne tourne que ſur celle qu'ils avoient maniée pour boire. Voila le fait ; voici les reflexions qu'on ne peut s'empêcher de faire, & qui montrent clairement que la baguette tourne, ou ne tourne pas ſelon les deſirs de ceux qui la conſultent.

Veut-on ſçavoir ſi les meurtriers ſont entrez dans la chambre, la baguette tourne. Demande-t'on s'ils ſe ſont aſſis auprés de la table, la baguette tourne encore ; s'ils ont bû & mangé : pour en être informé, on la conſulte ſur les pots & ſur les verres ; elle indique ceux dont ils ſe ſont ſervis ; & de trois bouteilles qu'il y a dans la chambre, elle ne tourne que ſur celle qu'ils ont touchée. Pourquoi ne tourne-t'elle pas ſur les deux autres ? Pour n'avoir pas été touchées, en ont-elles acquis une vertu qui empêche l'action de la la cause qui faisoit tourner la baguette ? car on est dans la chambre où la baguette a tourné, on est auprés de la table, & des bancs : toutes choses qui font tourner la baguette ; donc ou ce n'étoit pas une cause materielle qui la faisoit tourner, ou elle a été dissipée par les deux bouteilles : or non-seulement il seroit absurde de dire que les bouteilles qu'Aymar n'a pas touché, dissipassent la cause materielle du tournoiment de la baguette, mais c'est un fait qu'elles ne l'ont pas dissipée, puisque les bouteilles étant dans la chambre, la baguette a tourné. Ce n'est donc pas une cause materielle qui remuë la baguette, puisque dans les mêmes circonstances physiques, elle n'agit pas de la même maniere, mais une cause libre & intelligente, qui fait tourner la baguette quand elle veut pour donner les signes qu'on demande.

Ne fais-je point, Monsieur, un trop grand raisonnement pour prouver une chose qui saute aux yeux ?

Faisons-en du moins plus simplement l'aplication à ce qui s'est passé dans les autres cabarets de la route ; & n'oublions pas que la baguette a designé les plats & les assiettes qui avoient servi aux meurtriers, quoiqu'elle eût dû tourner indifferemment sur toutes les pieces de la vaisselle, si elles étoient d'étain, ou d'autre métal.

I V.

Lorsqu'on veut sçavoir si telles personnes ont parlé au meurtrier, ou au voleur qu'on cherche, la baguette tourne si ces personnes ont été avec lui ; & cela est bien raisonnable, car puisqu'elle tourne sur un verre, ou sur une bouteille que le criminel a touché, avec combien plus de raison doit-elle tourner auprés d'un homme qui lui a parlé, & qui par ses habits donne bien plus de prise à ce qui s'exhale du corps du criminel, que ne le peut faire un verre. Cependant la baguette n'indique ceux qui ont parlé au criminel, que lorſqu'on veut ſçavoir cette circonſtance. Dans la maiſon du Jardinier la baguette tourna à la vûë des enfans, parce qu'on vouloit connoître ceux qui avoient parlé aux meurtriers, & leur en demander des nouvelles; mais quand on ſera dans la priſon de Beaucaire, à la vûë de douze ou quinze priſonniers, la baguette ne tournera pas ſur ceux qui ont parlé au coupable qu'on cherche, qui l'ont touché, ou qui le touchent peut-être actuellement. C'eſt qu'on ne demande pas qui a parlé au coupable; on veut ſçavoir quel eſt le coupable. Eſt-ce là agir, comme agiſſent les cauſes materielles & neceſſaires?

V.

Ne m'avoüera-t'on pas qu'Aymar n'eſt pas allé de Lion à Beaucaire, ſans paſſer ſur des métaux, ſur des ſources, ſur des bornes, & ſur pluſieurs autres choſes qui font tourner la baguette? D'où vient donc que toutes ces differentes choſes ne l'ont pas fait tourner plûtôt que la piste d'un voleur, ou d'un meurtrier? Y a-t-il de la comparaison entre la vapeur qui sort d'une eau vive, & un reste de corpuscules qu'un homme a exhalez depuis un mois? Ceux-ci (suposé qu'ils n'ayent pas été tous dissipez) sont fixes, sans action, sans mouvement; au lieu que la vapeur de l'eau sortant continuellement de la terre, se trouve en état d'emporter les petits corps répandus dans son chemin, & de faire sur la baguette une impression incomparablement plus forte, que ne feroient les corpuscules sortis d'un voleur, ou d'un meurtrier, si elle n'étoit dissipée. La baguette devoit donc conduire Aymar, non pas dans la prison de Beaucaire, mais jusqu'à l'origine de tous les ruisseaux souterrains sur lesquels il a passé.

Que dirons-nous encore du tournoiment de la baguette dans les maisons où Aymar est entré? il y avoit des puits, de la vaisselle, & peut-être des métaux de toute espece à couvert

couvert & à découvert. Voulez-vous ſçavoir, où eſt le puits, où eſt la vaiſſelle, où ſont les métaux ? la baguette vous l'indiquera quand il vous plaira. Mais tout ce qu'on demande à preſent, c'eſt qu'elle faſſe connoître ſi un certain homme eſt entré dans la maiſon : s'il s'y eſt aſſis, & s'il n'a point touché quelque verre ; elle ne tournera point pour autre choſe.

Voila au juſte ce que j'avois remarqué, lorſque je voulus par quelques experiences m'aſſurer ſi la baguette tournoit ſans fraude ſur l'eau & ſur les métaux. Elle tourna en effet ſur tous les endroits, où à l'inſçû de l'homme à la baguette j'avois caché des métaux. Mais portant moi-même dans les mains tantôt de l'or, tantôt de l'argent, ou d'autres pieces de métal, elle ne tourna jamais vers moi ; & l'unique raiſon de cette bizarrerie, c'eſt qu'on ne la conſultoit pas ſur cela. Car ſi quelqu'un eut eu la curioſité de ſçavoir ce que j'avois entre les mains, elle auroit tourné jusqu'à se rompre, & auroit revelé le secret.

Sans faire cette experience, vous n'avez qu'à remarquer ce qui arrive depuis que le monde est assez fou pour faire chercher des vols avec la baguette. Que dans l'endroit, où le vol a été fait, il y ait de l'or, de l'argent, ou d'autre métal, des gonds, des serrures, &c. qu'il y ait même si vous voulez une source : toutes choses qui doivent faire tourner la baguette ; il n'en est ni plus ni moins, que s'il n'y avoit rien de tout cela. C'est pour le vol que la baguette est consultée ; c'est pour le vol seul qu'elle répond.

Mais si on disoit auparavant à l'homme à la baguette, de chercher une source, ce seroit pour la source, & non pour le vol que la baguette tourneroit. Ne sont-ce pas là des moralitez qui ne peuvent faire impression que sur une cause qui ait de l'esprit ? & quoique nous n'examinions pas ici s'il est naturel qu'une baguette tourne sur l'eau & sur les métaux, ne conclurez-vous pas de cette cinquiéme reflexion, qu'il en eſt de même du tournoiment de la baguette ſur les ſources, que de celui qui ſe fait ſur la piſte d'un voleur ?

V I.

D'où vient que la preſence de quelque voleur que ce ſoit, n'agite pas le corps d'Aymar, & que la baguette ne tourne que ſur celui qui a fait le vol dont on eſt en peine ? C'eſt, dit-on, qu'il faut qu'Aymar ait été une fois ſur le lieu où s'eſt fait le vol. J'aimerois autant qu'on me dit qu'on ne peut ſentir l'odeur d'une orange de Portugal, ſi on ne l'a touchée ou ſentie ſur l'arbre. On la ſent ici comme ailleurs, parce qu'ici & ſur l'arbre, elle exhale une vapeur déliée, qui fait impreſſion ſur le fond du nez. Aymar devroit donc s'apercevoir de la preſence de quelque voleur que ce ſoit, puiſque tout voleur exhale beaucoup de petits corps par tout où il ſe trouve.

Qu'on dise tant qu'on voudra, qu'il faut qu'il prenne son impression. Puisqu'il peut la prendre dans l'endroit où le vol a été fait, il pourra bien mieux la prendre auprés d'un voleur ; car il doit y avoir au tour de son corps bien plus de cette *matiere* qu'on apelle *larronesse*, qu'il n'en est resté dans l'endroit du vol. Peut-être a-t-il volé en courant? Un homme entre dans une chambre sans aucun méchant dessein, il voit sur la table une montre, il l'a prend, la met dans sa poche, & s'en va. Croyez-vous, Monsieur, que ce voleur qui n'est pas agité lui-même dans ce moment, laisse sur la table un fond suffisant de corpuscules qui durent des années entieres, & qui puissent agiter un homme à baguette, *l'aimanter*, ouvrir tous ses pores, de maniere qu'ils ne donnent plus passage, ni aux vapeurs de l'eau, ou des métaux, ni à la matiere d'aucun voleur, ou d'aucun meurtrier, mais seulement à la piste du voleur de la montre? Non, Monsieur, vous n'en croyez rien, ni moi non plus. Vous croyez plûtôt que ſi l'homme à la baguette étoit agité ſur la piſte d'un voleur, ou d'un meurtrier par une cauſe naturelle, il le ſeroit à la rencontre du premier voleur, ou du premier meurtrier, auprés de la plûpart des ſoldats, & ſur tous les endroits où il s'eſt fait des meurtres, c'eſt-à-dire, qu'il ne pourroit marcher dans Paris ſans être émû : qu'il le ſeroit à n'en pouvoir plus dans les endroits où il s'eſt donné des batailles : & que cela n'arrivant pas ainſi, la cauſe de cette agitation ne peut être que morale ; de maniere qu'on peut dire des vols & des meurtres qui n'agitent pas l'homme à la baguette, parce qu'on ne la conſulte pas là-deſſus ; ce qui eſt dit quelque part dans Seneque des oyſeaux qui ne prédiſoient rien, lorſqu'on n'avoit pas eu deſſein d'obſerver leur vol & leurs poſtures. *Fortuita & ſine ratione vaga divinationem non recipiunt...... auſpicium eſt obſervantis. Ad eum itaque pertinet qui in ea direxerit animum.*

VII.

La raiſon pour laquelle on pretend que la baguette tourne en preſence, & ſur la piſte des voleurs & des meurtriers, c'eſt qu'ils n'ont pas tué, ou volé ſans une agitation de ſang extraordinaire, cauſée par des ſentimens de haine ou de crainte, & que cette agitation continuant par tout où ils paſſent, elle fait exhaler de petits corps qui font tourner la baguette. Il faut donc conclure de là,

1°. Que la baguette devroit tourner pour toutes ſortes de vols & de meurtres, puiſqu'ils ne ſe ſont pas faits ſans cette agitation. Cependant elle ne tourne que pour les crimes ſur leſquels on fait des recherches. Lorſque la baguette tourna dans la priſon de Beaucaire, le boſſu étoit peut-être tout occupé des vols qu'il avoit fait à la Foire. Mais on ne conſulte la baguette que ſur le meurtre de Lion; ce n'eſt auſſi que pour ce meurtre qu'elle tourne.

2°. La crainte, la haine, ou les remords ceſſans, puiſqu'ils ſont la cauſe du tournoiment de la Baguette, elle ne doit plus tourner. Or ſe peut-il faire qu'ils ne ceſſent pas quelquefois pendant un long voyage ?

Si les voleurs ou les meurtriers dans leur route boivent de quelque vin petillant, qui les réjoüiſſe durant quelques heures, & leur faſſe oublier leur crime ; la paſſion change, & ſelon les Auteurs des ſyſtémes, la diſpoſition du ſang change auſſi. Ainſi ce qui s'en exhale doit changer de configuration. Adieu donc la *matiere meurtriere* ou *larroneſſe*, adieu la chaîne de corpuſcules. Comment la Baguette ira-t'elle la retrouver ?

Remarquons encore que dans les priſons de Lion la Baguette a tourné ſur le boſſu aprés qu'il eut avoüé ſon crime, comme elle tournoit ſur le lieu où le meurtre avoit été fait. Quelle difference neanmoins entre un homme qui fait un meurtre, & un homme qui craint d'être condamné à mort pour l'avoir fait?

VIII.

Si un homme passe sur la piste d'un voleur, ou d'un meurtrier, & qu'on vueille examiner s'il est innocent, ou coupable du crime dont on cherche l'auteur, la Baguette ne tourne plus s'il est innocent. Cela n'est pas trop facile à concevoir, aprés qu'on a supofé l'homme à la Baguette si bien *aimanté*, que rien ne peut faire impression sur lui que la vapeur du scelerat qu'il cherche; mais c'est un fait dont M. Garnier a été témoin, passons-le; & disons seulement que si ce fait est fondé en raison physique, la Baguette n'a dû tourner, ni dans les ruës de Lion, ni au camp de Sablon, ni sur le chemin de Lion à Beaucaire; car dans tous ces endroits il y a eu des milliers d'hommes qui n'étoient pas complices du meurtre de Lion. Or la transpiration de ceux qui sont innocens, empêche l'effet de la transpiration des coupables; donc la va-

peur

peur de tant d'hommes qui ont paſſé dans le chemin des meurtriers, a dû empêcher le tournoiment de la baguette & l'agitation d'Aymar.

Souvenons-nous auſſi des experiences qui furent faites ſur les ſerpes chez M. de Mongivrol, & chez M. le Procureur du Roy. Aymar étoit entouré de pluſieurs perſonnes tres-innocentes, & ſa baguette ne laiſſa pas de tourner. C'eſt peut-être, nous dira-t'on, qu'il ne ſuffit pas que les perſonnes innocentes ſoient preſentes; mais qu'il faut que l'homme à la baguette les touche avec le pied. Quoi donc ? eſt-ce que les hommes ne tranſpirent que par les pieds ? & qu'ils ne reçoivent que par les pieds la tranſpiration des corps qui les environnent ? Croit-on que lorſqu'Aymar met ſon pied ſur le pied de celui qu'on ſoupçonne, ce que celui-ci exhale, paſſe par le pied d'Aymar, pour venir juſqu'à la baguette, la faire tourner ou l'arrêter, ſelon qu'il eſt innocent ou coupable ? Si on le croit, je m'étonne qu'on ne fasse pas déchausser l'homme à la baguette, lorsqu'il fait la ceremonie de toucher le pied; car s'il avoit des souliers à deux bonnes semeles, il y auroit grand sujet de craindre que la transpiration ne les traversât pas facilement.

Mais comment faisoit Aymar sur la mer & sur la riviere, car il ne touchoit par les pieds à rien de ce qu'avoient touché les meurtriers? N'insistons pas davantage sur cela. Pour peu qu'on y fasse de reflexion, on verra que cette pratique n'est pas mieux fondée que celles de plusieurs autres personnes qui doivent, les uns prendre une baguette d'un certain bois, les autres la couper en certain jour, ou sous une certaine constellation. Ce qu'il y a de vrai, c'est que la Baguette ne fait connoître ordinairement que les choses dont on veut être éclairci; c'est pourquoi si on ne la consulte que pour sçavoir si les meurtriers ont touché le flaccon par l'ance, si on est sur leur piste, ou si une telle serpe est celle dont ils se sont servi, quoique Jaques Aymar soit entouré de personnes innocentes, elle ne répond ni plus ni moins que s'il étoit seul. Mais si l'on demande, au contraire, si un tel est, ou n'est pas coupable, elle ne répond qu'à cette demande, quoiqu'on soit tout auprés de la serpe, ou sur la piste des scelerats.

Il seroit inutile, Monsieur, de vous écrire toutes les autres reflexions qui me sont venuës dans l'esprit. Il me semble qu'on ne sçauroit penser à aucun des faits, sans y découvrir des moralitez qui ne peuvent s'ajuster avec des causes physiques & materielles. Par tout vous voyez une cause qui s'accommode aux desirs de ceux qui la consultent, & qui donne souvent sur cent choses differentes les signes qu'on demande. Par tout vous trouvez lieu d'apliquer la plainte que Dieu fait dans Osée : *Mon peuple a interrogé du bois, & la baguette lui a découvert ce qu'il desiroit d'aprendre.* Par tout enfin Ch. 4.12.

vous apercevez une cause qui n'est nullement assujettie à la regle essentielle, aux corps & à la matiere, d'agir toujours de la même maniere dans les mêmes circonstances.

Les deux propositions que j'ai avancées, sont donc démontrées. *Que ce n'est pas une cause materielle qui fait tourner la baguette*, & *Qu'il n'est pas possible de faire un systéme qui en explique mechaniquement tous les phenomenes.* La preuve de la premiere proposition, ne dépend que de deux points; *le premier*, que la matiere n'ayant ni intelligence ni liberté, doit agir de la même maniere dans les mêmes circonstances physiques; *le second*, que la cause qui fait tourner la baguette, n'a pas observé cette regle. Le premier point est renfermé dans l'idée de la matiere; & l'esprit & les sens tout ensemble, voyent la preuve du second point dans les Observations que nous venons de faire.

Vous voyez donc, Monsieur, combien il ſeroit facile de contenter ceux qui aiment qu'on argumente en forme ; car il n'y a qu'à reduire ainſi ce que nous avons dit. Une cauſe materielle doit toujours agir de la même maniere dans les mêmes circonſtances phyſiques. Or la Baguette n'agit pas de la même maniere dans les mêmes circonſtances phyſiques ; puiſqu'aprés avoir tourné dans toute une chambre, ſur la table, ſur les bancs, ſur des pots, & ſur des verres, elle ne tourne pas dans ces mêmes endroits, entre les mains de la même perſonne ; ſans qu'on puiſſe apercevoir rien de nouveau, qu'un deſir de conſulter la baguette, ſur quelqu'autre choſe que ſur ce qu'on ſçavoit déja ; donc la cauſe qui fait tourner la baguette, n'eſt pas une cauſe materielle.

Cette propoſition démontrée, la ſeconde l'eſt auſſi : *Qu'il n'eſt pas poſſible de faire un ſyſtéme.* Car pour expliquer mechaniquement les phenomenes de la baguette, il faudroit trouver une cauſe materielle : mais comment trouver ce qui n'est pas? donc s'il est vrai que la cause qui fait tourner la baguette, ne peut être materielle, il'est vrai aussi, qu'on ne peut sans illusion s'imaginer de pouvoir faire un systéme pour en expliquer tous les effets.

En voila, Monsieur, plus qu'il n'en faut pour des personnes qui ne décident qu'aprés avoir mûrement observé toutes choses. Lorsque par occasion j'ai parlé sur ce sujet à des Physiciens habiles, qui vouloient faire plusieurs experiences avant que de dire leur sentiment, ils ont trouvé ces observations decisives & sans replique. Sçavoir si nôtre ami en jugera de même? il y a lieu de le croire, pourvû toutefois qu'il n'ait pas dit hautement, qu'il alloit donner un systéme; car s'il en étoit venu jusques-là, peut-être feroit-il comme a fait une personne que vous connoissez à ce que je croi. Il faut que je vous dise ce que c'est. Un homme d'esprit vint me voir il y a trois ou quatre mois, tout occupé d'un Livre qu'il vouloit mettre au jour ; & aprés les premiers complimens, hé bien ! Monsieur, me dit-il, je vous avois entendu dire que l'usage de la Baguette n'étoit pas un moyen physique de découvrir aucune chose, pas même de l'eau ; mais qu'en pensez-vous à present depuis la découverte du meurtre, dont vous sçavez sans doute l'histoire ? Pour moi, continua-t-il, je suis charmé de ce que font les corpuscules ; je suis pied à pied les vestiges de la nature dans toutes les circonstances de la relation du fait, & je voi que tout s'accorde parfaitement avec ce que j'ai recueilli sur les divinations physiques, & sur la force de ce qui s'exhale des corps. Enfin mon systéme est fait, & bien-tôt vous verrez mon Livre. Mais avant que je vous dise comment je m'y prens, dites-moi, s'il vous plaît, ce que vous pensez de cette merveille. Ce que j'en pense, Monsieur, repartis-je, c'est qu'assurément vous n'avez pas fait reflexion à plusieurs choses qui vous auroient fait prendre un autre parti. Je lui dis une partie de ce que je vous ai écrit, dont il parut fort ſurpris. Je l'avoüe, me dit-il, ce que vous me dites m'étonne, je n'y avois pas penſé, & je ne voi que répondre.

Vous vous imaginez que je l'ai perſuadé, & qu'il renonce au ſyſtéme : voyez, s'il vous plaît la ſuite. Un je ne ſçai quoi interrompt la converſation ; Monſieur ſe retire, je le ſuïs, & il me dit à la porte, au reſte j'ai trouvé pluſieurs perſonnes qui découvrent des choſes fort ſingulieres avec la baguette ; mais vous dérangeriez peut-être encore là-deſſus mes idées ; j'en parlerai dans mon Livre. Ce fut la fin de la viſite, & ce ſera celle de ma Lettre. Je ſuis, &c.

A MONSIEUR ***.

Sur la Phyſique occulte, ou le Traité de la Baguette divinatoire.

ARiſte me mena hier chez Theodule. Menalque y étoit; & ce fut là, où je vis le Livre dont on vous a parlé. A peine Menalque entendit-il nos voix, que venant à nous avec ſes manieres toujours aimables & enjoüées. Ha que je ſuis aiſe, nous dit-il, de vous voir ici. Je viens de parcourir la Phyſique occulte, & vous ne ſerez peut-être pas fâché que nous nous en entretenions quelques momens. Je vous en prie, lui dis-je, laiſſons-là Agrippa & ſes pareils. Comment Agrippa, reprit Menalque, je vous parle d'un Livre tout nouveau, *la Phyſique occulte, ou Traité de la Baguette divinatoire?*

Qui auroit crû, repartis-je, qu'un traité de la Baguette eut pour titre, *la Physique occulte?* Ce titre est bon, dit Ariste. Depuis plusieurs siecles on entend par *Philosophie occulte* un amas de secrets dont les Philosophes cherchent en vain des raisons naturelles ; la Baguette ne sçauroit être mieux placée que sous un tel titre.

Ce n'est pas ainsi qu'on l'entend, dit Menalque, le Livre est fait pour montrer qu'il n'y a rien que de naturel dans l'usage de la baguette. Et si vous voulez bien que je vous lise la penultieme page qui est le resultat du Livre, vous verrez tout d'un coup de quelle maniere l'Auteur prouve qu'il n'y a rien là que de naturel, & que le Demon ne peut y avoir de part. Me voici sur l'endroit: *La sensibilité délicate qu'on doit avoir pour être émû par les impressions des corpuscules répandus dans l'air, & l'attention extrême qu'il faut aporter pour s'écouter, pour se sentir, pour reconnoître son émotion, & pour se regler sur ce* Criterium, *suffisent pour faire l'apologie de ceux qui ſe ſervent de la baguette.*

Ne trouvez-vous pas, dit Ariſte, que la *ſenſibilité délicate* d'un gros païſan, tel qu'Aymar eſt, quelque choſe de joliment imaginé, auſſi bien que cette *attention extrême pour s'écouter, pour ſe ſentir* ; c'eſt-à-dire, pour s'apercevoir d'une agitation qui éleve le poux, à ce qu'on dit, autant que le feroit une groſſe fiévre, & qui peut rompre une baguette entre les mains.

Mais, Monſieur, dit Menalque, en interrompant le raiſonnement vous l'affoibliſſez. Ce n'en eſt là qu'une partie, permettez-moi de continuer. *Car il ne faut jamais oublier que comme elle tourne ſur tous les lieux, où il y a beaucoup de vapeurs répanduës, & qui forment un volume, & une atmoſphere, on ne peut pas dire ſi elle tourne préciſément pour ce que l'on cherche. Et c'eſt cela même qui prouve invinciblement qu'il n'y a point de pacte & de convention avec le Demon dans cette pratique : en effet plus de gens auroient ce talent ; & ceux qui l'ont, seroient plus assurez qu'ils ne le sont, de ne se pas tromper.*

Y a-t'il lieu, dit Ariste, d'être satisfait de cette suite ? Autant qu'on peut l'être, répondit Menalque, de voir un Auteur se contredire & renverser dans un endroit ce qu'il établit dans un autre. Si vous lisez *la Physique occulte*, vous trouverez en trente endroits que par une transpiration insensible, il sort de tous les corps une vapeur qui se répand à la
P. 238. 324. ronde : qu'il en faut une si petite quantité pour faire tourner la baguette, que ce qui sort d'un corps aussi petit que l'est une piece de quatre sols, est capable de produire cet effet : que ce n'est pas le métal seulement qui fait tourner la baguette, mais qu'elle tourne *par tout* * *où il y a des vapeurs ou des exhalaisons* ; Est-

*On trouve la même chose en plusieurs endroits. *La Baguette s'incline pareillement, sur les eaux, sur les corps morts, sur les fosses creusées en terre, & en un mot sur tout ce qui transpire des vapeurs, des exhalaisons & des fumées*, page 32.

Je ne doute point qu'elle ne s'inclinât aussi-tôt sur le corps d'un homme executé pour ses crimes, que sur celui d'une personne assassinée, & generalement sur tout ce qui transpire beaucoup, p. 234.

il rien de plus naturel que de conclure, que la baguette doit tourner par tout ? car où est-ce qu'il n'y a pas autant de vapeurs qu'en exhale une piece de quatre sols ? du moins la baguette doit-elle tourner là où il y a des hommes & des animaux ; car assurement ils transpirent bien plus que la petite piece. Elle doit tourner sur la riviere où certainement les vapeurs *forment un volume* & une asmosphere. Comment ajuster tout cela avec ce que dit l'Auteur, que la baguette ne doit tourner sur l'eau que lorsqu'elle est cachée, & qu'elle ne peut tourner que sur certains hommes.

N'accorderez-vous pas au moins, dit Menalque, qu'on prouve assez bien que le Demon ne peut avoir aucune part à cette pratique ? Quoi, dis-je, vous croyez que ceux qui se servent de la baguette, *seroient plus assurez de ne se pas tromper*, si le seducteur étoit de la partie ? Et quel est l'esprit plus trompeur que le Demon * ?

* Non est veritas in eo. Cum loquitur mendacium, ex propriis loquitur, quia mēdax est, & pater ejus. *Joan. c. 8. v. 44.*

Vous voila donc tous trois contre le Livre, repartit Menalque. Vous le seriez aussi bien que nous, reprit Theodule, si vous l'aviez parcouru avec moins de hâte. Les seules contradictions que vous y auriez remarquées, vous en auroient dégouté.

Je conçoi bien, dit Ariste, qu'il ne peut manquer d'y en avoir. Comment sans se contredire pouvoir expliquer des phenomenes qui varient si fort, & se contredisent si souvent les uns les autres.

La Baguette tourne sur cent diverses choses, qui tiennent plus du moral que du physique. Vous sçavez qu'elle tourne sur les bornes, qu'elle a tourné sur de faux contracts, sur des bestiaux achetez d'un argent volé ; & ce qui est fort embarrassant, c'est que sur une même chose, & entre les mains d'une même personne, tantôt elle tourne, & tantôt elle ne tourne point.

J'ai remarqué, répondit Menalque, que l'Auteur ne dit rien ni des bornes ni des autres choses, où il ſemble que des moralitez font tourner la baguette. Il ne s'attache qu'à montrer comment elle tourne ſur l'eau, ſur les métaux, ſur les voleurs, ſur les meurtriers, & ſur tout ce qu'ils ont touché. Mais pour ce que vous trouvez embarraſſant, il l'explique; & fait voir que cela vient du temperament qui eſt ſujet à de frequens changemens. Agréez que je vous montre l'endroit. Il en parle, ce me ſemble, aprés avoir répondu à quelques mots d'une Lettre écrite depuis deux ou trois ans par le Pere Malebranche.

Que vous touchez-là un endroit, dit Theodule, qui doit bien flater l'Auteur de la Phyſique occulte; car enfin il s'eſt mis en poſture de rompre une lance avec l'Auteur de la Recherche de la Verité. Et s'il....... Juſtement, interrompit Menalque, c'eſt là-même. Voici ce qu'il a obſervé dans ceux à qui la baguette tourne. *J'ai remarqué que tous ceux qui ont la faculté de ſe ſervir de la baguette divinatoire, ſont gens d'une*

assez bonne complexion, ni gras, ni
maigres, dont la peau est douce, & les
Page *chairs assez fermes. Leur sang est loüa-*
433. *ble, la fermentation s'en fait d'une ma-*
niere tranquille..... Ainsi Jaques Ay-
mar est d'un bon temperament. Il trans-
pire & respire beaucoup. La contexture
des fibres de son corps doit avoir laissé
des pores fort propres à l'insinuation
des corpuscules étrangers qui se mê-
lent avec son sang, lorsque de loüable
qu'il étoit, il vient à se fermenter, &
à s'enflammer. Que veut dire tout
cela, interrompit Ariste? quelles ex-
pressions, le *sang loüable*, la *contex-*
ture, l'*insinuation*, aussi bien que ce
que vous lisiez tout à l'heure de l'*in-*
clinaison, & des vapeurs *qui forment*
un volume? Point de difficultez, je
vous prie sur le langage, répondit
Menalque; il n'est question à pre-
Page sent, que de sçavoir *pourquoi la ba-*
437. *guette ne tourne pas quelquefois entre*
les mains de la même personne qui l'a
employée souvent avec succés. C'est
qu'il peut arriver qu'il se dérangera
quelque chose dans sa constitution, &

que son sang se fermentera avec plus de violence ; soit parce qu'il sera survenu des sels acres & acides par les alimens, ou par la respiration de l'air ; soit peut-être à cause que les soufres volatils qui y dominoient auparavant, & qui envelopoient & reprimoient l'action de ces sels, ont été dissipez par un travail trop violent, par des veilles, par l'étude ou autrement.

Franchement tout ce que vous lisez-là, lui dis-je, est remarqué en vain, & se détruit par l'experience. J'ai vû la baguette tourner entre les mains de deux hommes fort gras, & d'une fille extremement maigre ; & vous pouvez voir dans les observations d'un habile homme *, que la baguette tourne indifferemment à des personnes d'un temperament

* *M. le Procureur du Roi à Lion*, page 140. *Par les recherches que j'ai faites, il ne me paroît pas que la subtilité des sens, la délicatesse des organes, les regimes de vie, les passions, l'éducation, contribuent en rien à cette vertu, ayant trouvé tout cela fort different dans ceux qui la possedent..... Cela est égal pendant la santé, ou l'indisposition de ceux qui ont cette vertu Je n'ai point remarqué jusques ici que la jeunesse ou la vieillesse servissent de quelque chose à augmenter ou à diminuer cette vertu, ni que les symptomes en soient plus violens dans ceux qui ont mangé, que dans ceux qui sont à jeun.* Lettre à M. l'Abbé Bignon, Mercure de Sept. page 230.

different, & aux mêmes personnes en des tems où la disposition de leur corps n'est pas là-même. Elle tourne à l'âge de dix ans comme à celui de soixante ; pendant la maladie comme dans une parfaite santé, à jeun aussi bien qu'aprés avoir mangé. Ceux qui ont été en Dauphiné, où plusieurs personnes se servent de la baguette, n'ont eu que faire de tâter si leur peaux étoit douce, & leur chair ferme ou mole. Ils n'avoient qu'à ouvrir les yeux pour remarquer sur leur visage des temperamens tout differens.

Je vous avouë, dit Theodule, que s'il n'y avoit dans ce Livre que des remarques de cette nature, quelque peu solides qu'elles fussent, je n'y trouverois point à redire. Un homme sur un sujet nouveau vous donne ce qu'il a observé, & ce qu'il pense, cela peut avoir son utilité. Mais pourquoi amasser cent faits qui ne viennent point au sujet, & qui sont pour la plûpart, ou faux, ou superstitieux? Remarquez cependant que c'est de la ſorte qu'en ont toujours uſé ceux qui ſe ſont rendus les Apologiſtes des pratiques ſoupçonnées de ſuperſtition. Ainſi Flud, ainſi Van-helmon, ainſi l'ont fait Goclenius, & pluſieurs autres dont l'Auteur a ſuivi le mauvais exemple, & tranſcrit ſouvent les propres paroles.

Pourquoi emprunter tant de choſes du plus méchant de tous les Livres * qu'ait fait Van-helmon, au ſentiment même de Boyle ? Pourquoi nous parler de l'onguent aux armes, & de la tranſplantation des maladies, d'où il ſeroit aiſé de tirer des conſequences qui détruiroient tout ce qu'on dit de la baguette, s'il n'étoit bien plus facile de montrer que ce ſont-là de pures folies ? Pourquoi..... Vous étes aujourd'hui bien peu complaiſant, interrompit Menalque : Eſt-ce qu'on ne pourra pas vous montrer, qu'on ſçait autre choſe que la Baguette ? J'y conſens de bon cœur, reprit Theodule, mais je ne voudrois pas que ce fut en renouvellant des pratiques ſuper-

* De magnet. vulnerum curatione.

ſtitieuſes, ni en copiant certains Livres mal digerez, où l'on trouve de toute ſorte de choſes, à la reſerve du bon ſens. Au reſte, pourſuivit-il, ſi contre ma coutume, je dis quelques mots avec un peu de feu, c'eſt que conſervant un grand fond d'indifference pour tout ce qui eſt de pure ſpeculation en matiere de Phyſique, je ſuis touché de voir qu'on s'efforce d'autoriſer des pratiques qui vont à des abus tres-conſiderables. De quelque maniere qu'on le faſſe, les eſprits ſuperficiels ſe laiſſent facilement ébloüir; & vous ſçavez que le nombre de ces eſprits n'eſt pas petit.

Ho! dit Ariſte, ne craignez rien de ce Livre. S'il faut juger de l'ouvrage par ce que j'en viens de voir, je le croi bien plus propre à faire penſer que l'Auteur veut rire qu'à perſuader qui que ce ſoit. Je ſuis, pourſuivit-il, ſur le quatriéme chapitre, où l'Auteur parle de l'uſage qu'on doit faire de la connoiſſance que nous avons des corpuſcules qui s'exhalent des corps ; il propose * pour cela une histoire que je puis vous conter en peu de mots, sans la lire dans son Livre. Un homme voit en dormant son ami qui le prie de le tirer des mains de son hôte qui veut l'égorger. Quelques momens aprés il vient lui dire qu'il est mort, & qu'il trouvera son corps à la porte du cabaret dans un chariot chargé de fumier. A ce songe l'ami s'éveille, il se leve, va au cabaret, & trouve le chariot à la porte. Le chartier n'est pas plûtôt interrogé qu'il prend la fuite : le cadavre se trouve dans le chariot, & le cabaretier convaincu du crime, en reçoit la peine. L'histoire est dans Ciceron.

* Page 104.

De divinat. *l.* 1. *n.* 57.

Cela est vrai, dit Theodule, Chrysippe, & les Stoïciens que Ciceron fait parler, se servoient de ces sortes de faits, pour prouver qu'il y a autre chose que des corps.

Le fait supposé, ils avoient raison, repartis-je ; mais en traitant des corpuscules, dequoi sert l'histoire d'un homme mort, qui vient parler à son ami, & lui conter ses avantures : cela a tout l'air d'une fable ; mais si le fait est constant, c'est un prodige qui passe tous les systémes des Physiciens.

Que vous entendez peu la Physique occulte, reprit Ariste. Ecoutez donc, s'il vous plaît, comment cela
Page 205.
s'explique : *Sans recourir aux prodiges, pour expliquer ce phenomene, je dirois que cet homme qu'on assassinoit si lâchement, répandoit dans l'air, soit par les cris, soit par la transpiration insensible, des impressions capables de s'étendre assez loin pour aller jusqu'à son ami. C'est à cette impression, & à ces mouvemens des corpuscules qui se répandent dans l'air, à mesure qu'ils se détachent du corps des personnes qui nous sont cheres, que j'attribuë ces pressentimens que nous avons des disgraces & des malheurs de nos parens, & de nos amis absens.*

Ha Menalque, lui dis-je, que cela est admirable ! des corpuscules qui viennent dire qu'un homme est aux prises avec son hôte, qu'il a été tué, qu'on l'a couvert de fumier dans un chariot, & qu'on le trouvera à la porte!

Vous en riez, répondit Menalque. Pour moi, ajoûta-t'il, je ne m'embarraſſe point dans ces ſubtiles explications. Qu'eſt-ce que cela fait à la baguette? ſi l'Auteur s'écarte de ſon ſujet, & qu'il ne raiſonne pas ici trop juſte; dois-je pour cela conclure qu'il ne raiſonnera pas mieux dans la matiere qu'il traite à fond? j'abandonne tout ce qui eſt hors-d'œuvre; mais pour le ſyſtéme, voyons-le d'un bout à l'autre: & puiſque vous ne l'avez pas lû, & que je n'ai fait que le parcourir, liſons-le, je vous prie à loiſir, pour en conferer enſuite tous enſemble.

On en demeura d'accord, & j'allois vous dire que je vous ferois avec exactitude le reſultat de nôtre conference. Mais en finiſſant cette Lettre, je fais reſolution de ne pas me trouver au rendez-vous; parceque je viens de lire quelques endroits de *la Phyſique occulte*, qui me font croire qu'il seroit tres-difficile de s'en entretenir plusieurs ensemble, sans que la satyre & la raillerie entrassent dans la conversation. Je me contenterai donc de lire seul avec attention tout le systéme, d'y faire quelques reflexions, & de vous en faire part au premier ordinaire. Je suis, &c.

A

A MONSIEUR ***.

Sur le ſyſtéme de l'Auteur de la Phyſique occulte.

Dans l'obligation que je me ſuis impoſée d'expliquer le mecaniſme de la nature, touchant l'inclinaiſon de la Baguette divinatoire, qui a été inconnu juſqu'à preſent, par un autre mecaniſme qui nous fut déja connu, je n'ai pas eu de peine à me déterminer ſur le choix. A peine ai-je promené mon imagination dans les trois regnes des animaux, des vegetaux, & des mineraux, que j'ai remarqué auſſi-tôt que le mouvement & l'inclinaiſon de l'aiguille de bouſſolle, ou d'une verge de fer aimantée, étoit abſolument la même choſe que le mouvement & l'inclinaiſon de la baguette, ou verge divinatoire.

CH. V. *Syſtéme du mouvement & de l'inclinaiſon de la Baguette divinatoire, ſur les ſources d'eau, ſur les minieres, ſur les treſors, & ſur la piſte des voleurs & des meurtriers fugitifs.*

Vous entendez bien, Monſieur,

que c'eſt l'Auteur de la Phyſique occulte qui parle. Il va vous faire connoître combien ſa découverte eſt heureuſe. Son explication viendra enſuite, & nos reflexions ſuivront de prés.

A dire la choſe comme je la penſe, je voyois le même mecaniſme par tout, puiſque la nature n'en a qu'un ſeul.... Mais il faut avoüer qu'il n'y en a point qui lui revienne mieux, que l'inclinaiſon de la verge de fer aimantée. C'eſt par tout tellement la même choſe, juſqu'à la moindre minutie, pour ainſi parler, que l'on ne ſçauroit trop s'étonner comment tant de Sçavans & de grands Philoſophes, qui ont été conſultez, & qui ſe ſont expliquez ſur cette matiere, n'ayent pas même entrevû cette parfaite analogie.

Rien en effet ne ſe pouvoit preſenter à mon imagination de plus heureux, de plus facile, & de plus reconnu que le magnetiſme, qui fait mouvoir & incliner vers la terre une verge de fer aimantée, pour expliquer le magnetiſme, qui cauſe le mouvement & l'in-

clinaison de la baguette divinatoire, sur les sources d'eau, sur les vaines des métaux, & sur les pas des criminels. Mon systéme donc sur la verge du coudrier, est le même que le systéme de l'inclinaison de la verge de fer aimantée.

Rien n'est plus constant que jamais personne n'avoit aperçû de parfaite analogie entre une aiguille aimantée & la Baguette. Ainsi s'il y en a, la gloire de la découverte est assurément dûë à l'Auteur de la Physique occulte. Mais il doit laisser au Pere Kirker la gloire d'avoir cherché quelque raport entre le mouvement de l'aiman vers le pole & celui de la baguette sur les métaux.

Ce Physicien étoit trop curieux, & en même-tems trop accoûtumé à chercher du magnetisme, là même où l'on ne sçauroit en trouver, pour avoir omis de le chercher dans ces bâtons qui se panchent sur les mines à ce qu'on lui avoit dit*. Fort porté

* De magnetismo virgulæ auriferæ, sive divinatoriæ. His ita ritè traditis, examinatisque, nunc hoc loco quæri posset utrum mineralia inter & certas plantas, seu ligna, magnetica vis, quibus attrahant se invicem, intercedat. Dubium movit VIRGULA DIVINATORIA, sive metalloscopica, &c. *De arte magn. l. 3. p. 5. c. 3.*

de ſon naturel à faire des experiences, il fit des aiguilles de bois qu'il ſuſpendit ſur un pivot comme l'aiguille d'une bouſſolle ; mais il n'apperçût jamais que la proximité d'aucun métal donnât du mouvement à ces aiguilles ; & cela lui fit conclure qu'il n'y avoit point de magnetiſme entre le bois & les métaux. *a*

Il ne laiſſa pas de chercher encore du magnetiſme entre l'eau & certaine eſpece de bois. Il fit une aiguille, moitié d'aûne, moitié d'un autre bois ; il la mit en équilibre ſur un pivot ; & remarqua que dans les lieux aqueux, lorſque les vapeurs n'étoient pas diſſipées par la chaleur, la partie de l'aiguille qui étoit d'aûne trebuchoit. Mais en conclut-il qu'il y avoit là du magnetiſme ? point du tout *b*. Les vapeurs de

a Ego autem hanc virgularum divinarum inclinationem ex vi quadam magnetica, qua plantæ occulto veluti motu in ea ferantur, provenire non facile crediderim ; cum hujuſmodi virgulas dictis metallis, quibus cum amicitiam habere dicuntur, applicatis quantumvis exactiſſimè & leviſſimè æquilibratas, nullum tamen inclinationis effectum præſtare experimento à me facto non ſemel compererim. *Ibid.*

b Porrò vim eam qua ad latentem aquam aut metallum ſe inclinat virga, ſeu verſorium, verè magneticum eſſe non puto. Sed hanc inclinationem ſi quandoque contingat, ea ratione quæ ſequitur veriſimile eſt, &c. *Ibid.*

l'eau, dit-il, avec beaucoup de juſteſſe, s'attachent à ce qu'elles trouvent de plus poreux : l'aûne a plus de pores que l'autre bois qui fait partie de l'aiguille ; il reçoit donc plus de vapeurs, & devenant plus peſant il rompt l'équilibre. Se fait-il là autre choſe, que ce qui arriveroit à une balance en équilibre, ſi ſous l'un des baſſins je mettois de l'eau chaude, & ſous l'autre je ne mettois rien? Comme les vapeurs de l'eau ne s'attacheroient qu'à l'un des baſſins, celui-ci deviendroit plus peſant que l'autre, & trebucheroit. Faudroit-il pour cela en conclure, que la matiere de ce baſſin a vers l'eau la même vertu qu'a le fer à l'égard de l'aiman, ou l'aiman même à l'égard du pole ?

On avoit donc cherché le magnetiſme de la Baguette, avant l'Auteur de la Phyſique occulte : mais le Pere Kirker qui l'avoit cherché, a été aſſez éclairé pour ne pas s'imaginer de l'avoir découvert. Il a prouvé au contraire qu'on ne trouveroit jamais dans la Baguette qu'un magnetisme chimerique.

Ne vous viendra-t'il point dans l'esprit, Monsieur, que l'Auteur plus heureux que le Pere Kirker, a peut-être trouvé quelque baguette, qui suspenduë sur un pivot, se tourne vers les voleurs & les meurtriers, ou s'incline du moins infailliblement sur les métaux & sur les eaux. Si vous avez eu cette pensée, rejettez-la s'il vous plaît, car l'Auteur dit nettement à la trentiéme page. *Il est encore certain que cet effet vient absolument de la personne : car enfin si cela étoit dû à la baguette, rien n'est plus assuré que si on la suspendoit sur un pivot, comme une aiguille de boussole, elle ne manqueroit pas de s'incliner sur les eaux ou sur les métaux ; c'est pourtant ce qui n'arrive point du tout, comme je l'ai experimenté, aprés le Pere Schott Jesuite page* 425. De magia sympath. *Je conclus de-là que cet effet ne resulte donc pas d'une vertu qui soit dans la baguette.*

Aprés cet aveu n'est-on pas en

en droit de demander à l'Auteur, où est donc cette *parfaite analogie* entre la verge de fer aimantée & la baguette de coudrier ? la verge de fer suspenduë sur un pivot, se tourne vers le pole, & quelquefois vers le fer, & vers l'aiman. Celle de coudrier ainsi suspenduë, ne se tourne vers quoi que ce soit. Donc bien loin de trouver une entiere convenance entre la verge de fer aimantée & celle de coudre, celle-ci mise dans la même situation, n'a rien du tout qui puisse lui être comparé.

La difficulté saute aux yeux, & vous ne pouvez sans doute croire qu'elle ait échapé à l'Auteur. Je pense en effet qu'il l'a aperçûë, & que c'est pour la prévenir qu'il dit ce que je vais transcrire. *Comme la verge de fer doit être aimantée pour recevoir sa direction par le tourbillon répandu dans l'air, & qui circule au tour de la terre, & qu'on l'aimante en la touchant d'un bon aiman, qui lui communique ce petit tourbillon de corpuscules magnetiques : ainsi la verge* Page 126.

de coudrier ne ſeroit nullement ſenſible à l'action des petits corps, qui la font incliner, ſi elle n'étoit auparavant, pour ainſi parler aimantée ; *c'eſt-à-dire, touchée par la main d'un homme, qui étant le premier abondamment penetré, & inondé des vapeurs, des exhalaiſons, & des fumées qui s'élevent des eaux, des métaux, & de deſſus la piſte d'un voleur fugitif, en communique un petit tourbillon à la baguette de coudrier.*

Mais ſur cela j'ai bien des choſes à dire.

1°. Si Aymar doit donner à une baguette la vertu de ſe tourner vers l'eau, vers les métaux, vers la piſte des voleurs & des meurtriers ; & s'il doit faire à l'égard de cette baguette ce que fait un aiman à l'égard d'une aiguille de fer qu'il rend propre à indiquer le Nort : comme l'aiman a la vertu qu'il donne, & que mis en équilibre il ſe tourne vers le pole ; il faut auſſi que le corps d'Aymar mis en équilibre, ſe tourne vers l'eau, vers les métaux, vers les voleurs &

les meurtriers. Qu'on commence donc par faire cette experience ; & jusqu'à ce qu'elle ait réussi, qu'on n'assure pas qu'Aymar semblable à l'aiman, donne à une baguette la vertu de se tourner vers certains endroits.

2°. Les verges de fer une fois aimantées, se tournent ensuite vers le pole, sans qu'il soit necessaire de les tenir auprés de l'aiman qui leur a donné cette vertu. Donc une baguette qu'Aymar aura touchée, doit avoir cette vertu en toute autre main, & sur tout mise en équilibre sur un pivot. Si cela pouvoit réussir, il ne faudroit plus occuper Aymar qu'à toucher des baguettes, on en feroit provision, & on n'auroit plus besoin de le faire tant courir.

3°. Une aiguille de fer exposée à l'air, c'est-à-dire, à l'action de la matiere magnetique, aquiert la vertu que l'aiman lui auroit donnée; donc la baguette mise auprés d'un voleur, d'un meurtrier, d'un endroit où s'est commis un crime, ou enfin auprés de l'eau & des métaux, doit s'y *aimanter*, & tourner ensuite vers toutes ces differentes choses. On pretend en effet qu'Aymar s'aimante lorsqu'il va sur ces endroits. Ne vaut-il pas mieux aller à la source, & faire *aimanter* la baguette par ce qui doit *aimanter* Aymar ?

Vous ririez cependant de voir faire serieusement toutes ces experiences ; vous devez donc être surpris de voir comparer la baguette de coudrier à la verge de fer aimantée, & d'entendre dire qu'il y a entre l'une & l'autre une parfaite analogie.

4°. Mais lors même que la Baguette est entre les mains de ceux à qui elle tourne ; quel raport entre son tournoiment, & le mouvement de la verge de fer vers le pole, vers le fer, ou vers l'aiman ? Quelque fort que fut l'aiman que vous presenteriez à l'aiguille d'une boussole, vous ne la feriez pas pour cela tournoyer ; la baguette au contraire tournoye entre les mains d'Aymar ;

elle ſe tord, & ſe rompt même quelquefois. Donc bien loin de trouver entre l'aiguille aimantée & la baguette une entiere conformité, n'eſt-il pas clair au contraire, que tout y eſt eſſentiellement different?

Si vous me demandez aprés cela comment il ſe peut faire que des perſonnes d'eſprit puiſſent s'imaginer d'avoir trouvé ce pretendu raport; je n'ai à répondre que ce qui a été écrit depuis peu dans une Lettre ſur la Baguette. « Frapé par les effets merveilleux de l'aiman, quelque prodige qu'on propoſe, on le compare; dans l'obſcurité on croit voir quelque raport; on aide aux conjectures; on riſque un peut-être; inſenſiblement on aſſure; & quand on s'eſt une fois engagé, on tient ferme, & il n'eſt plus rien qui étonne. »

Il y a quelque choſe de plus particulier qui a déterminé l'Auteur de la Phyſique occulte à chercher du magnetiſme dans le mouvement de la baguette, & à ſe perſuader qu'il y en avoit aperçû. C'eſt qu'il fit

l'année derniere un *traité de l'aiman de Chartres*. Je vous en dis aſſez, ſi vous avez lû un chapitre de la Recherche de la verité, dont voici le
L. 2. p. 2. c. 2. titre : *Que les eſprits animaux vont d'ordinaire dans les traces des idées qui nous ſont les plus familieres, ce qui fait qu'on ne juge point ſainement des*
» *choſes*. Un Auteur s'aplique à un
» genre d'étude, les traces du ſujet de
» ſon occupation s'impriment ſi pro-
» fondement, & rayonnent ſi vive-
» ment dans tout ſon cerveau, qu'elles
» confondent & qu'elles effacent quel-
» quefois les traces des choſes même
» fort differentes. Il y en a eu un par
» exemple, qui a fait pluſieurs volu-
» mes ſur la croix : cela lui a fait voir
» des croix par tout ; & c'eſt avec rai-
» ſon que le Pere Morin le raille de
» ce qu'il croyoit qu'une medaille re-
» preſentoit une croix, quoiqu'elle re-
» preſentât toute autre choſe. C'eſt
» par un ſemblable tour d'imagination
» que Gilbert & pluſieurs autres, aprés
» avoir étudié l'aiman, & admiré ſes
» proprietez, ont voulu raporter à des

qualitez magnetiques, un tres-grand « nombre d'effets naturels qui n'y ont « pas le moindre raport. «

Ne nous étonnons donc plus si l'Auteur de la Physique occulte, tout occupé de l'aiman, a comparé Aymar à un aiman, & sa baguette à une verge aimantée. Attendons que de nouvelles traces effacent une partie de celles que l'aiman de Chartres avoit ouvertes ; & que l'Auteur n'étant plus dominé par une imagination frapée, puisse former un jugement plus libre qu'il ne l'a pû, en commençant le Traité de la Baguette divinatoire. J'ose assurer qu'il se convaincra pour lors aisément, qu'on ne sçauroit faire sur la baguette un systéme qui aproche de celui de l'aiman.

Quoiqu'il en soit, il est constant qu'un tel systéme ne peut subsister, & qu'il n'y a qu'à fermer le Livre, si tout ce qu'il contient dépend absolument de la pretenduë analogie entre une verge aimantée & la baguette. Mais comme l'Auteur nous

dit en plusieurs endroits ce que je lis à la page 142. *J'explique la sympathie de la baguette de coudrier avec les métaux, & les autres choses surquoi elle s'incline, par l'écoulement & le flux de la matiere subtile, qui se transpire de tous les corps, & qui se répand dans l'air.* Laissons-là l'aimain, & voyons seulement si l'Auteur prouvera que ce qui s'exhale des corps peut-être la cause du tournoiment de la baguette. Il reconnoît qu'il faut pour cela *démontrer*
P. 143. *auparavant qu'il y a des vapeurs sur les eaux, des exhalaisons sur les métaux, & une matiere subtile de la transpiration sur le lieu où a passé un voleur ou un meurtrier; & que ces vapeurs, ces exhalaisons, & ces corpuscules de la transpiration insensible, ont assez de subtilité, & assez de force pour penetrer dans les pores de Jaques Aymar, & pour imprimer à la Baguette ce mouvement rapide que nous lui voyons quand elle tourne.*

Voila donc toute la question reduite à deux difficultez, qui sont preſque les mêmes que les deux points que nous avons diſtinguez en examinant les hypotheſes de M. Garnier & de M. Chauvin. Page 82.

La premiere : Si les vapeurs qui s'exhalent des corps ſur leſquels la Baguette tourne, ſe ſont trouvées par tout où la Baguette a tourné.

La ſeconde : Si elles peuvent tordre une baguette entre les mains d'un homme qui la tient bien ſerrée.

L'Auteur commence par la ſeconde difficulté qu'il ſe propoſe ainſi : *Les ſymptomes ſi étranges de Jaques Aymar, & le mouvement ſi rapide de la Baguette, qui va quelquefois juſqu'à lui bleſſer les mains, ſont des choſes ſurquoi ceux-mêmes qui ſe piquent le plus de Phyſique, ne peuvent point paſſer. L'Auteur de la* Lettre ſur la Baguette, *qui eſt inſerée dans le Mercure du mois de Janvier* 1693. *n'a pas manqué de ſe divertir ſur cet endroit. Comme il penſe, & dit les choſes avec feu ; il repreſente la difficulté dans toute ſa force.* Croyez-vous, *dit-il*, « Ch. II. p. 323.

Page 32. » Monsieur, qu'il n'y ait point de ri-
» dicule à suposer, que d'une petite
» partie de métal, d'une piece de qua-
» tre sols par exemple, il sort une as-
» sez grande quantité de corpuscules
» pour tordre une baguette jusqu'à la
» rompre, ou à blesser les mains de
» celui qui la tient bien serrée?

Voila la difficulté, voyons la réponse. Je suis curieux d'abord de voir si elle est bien longue, je parcours les pages, j'en voi soixante destinées à cette difficulté. Quelle longueur, dis-je en moi-même. Je les lis neanmoins fort exactement; & au lieu d'y trouver la réponse que je cherche, j'y voi beaucoup de jolies choses, ausquelles il ne manque que d'être placées ailleurs. Les voici: la transpiration suposée dans tous les corps, l'Auteur montre que les vapeurs répanduës dans l'air, forment les pluyes, les orages, & les inondations qui ravagent les campagnes: quelles enflent les portes & les fenêtres: que mêlées avec les exhalaisons, elles rendent l'air froid ou chaud,

chaud, ſec ou humide, plus ou moins peſant ; & qu'elles agitent les petites machines qui ſervent à faire connoître les differens changemens de l'air. Là-deſſus les *Thermometres*, les *Barometres*, les *Hygrometres*, ſont décrits bien au long. De là on paſſe aux effets de la poudre à canon, & de l'or fulminant. Enfin ce que font l'eau dans les cordes bien tenduës, le ſoufle dans les veſſies, & les eſprits animaux dans les muſcles, terminent tout ce que l'Auteur avoit à dire pour répondre à la difficulté.

Mais aprés avoir lû tout cela, je demande encore où eſt la réponſe ; car enfin il n'eſt pas queſtion de la force, ou des effets des vapeurs répanduës dans toute l'atmoſphere de l'air. Il pourroit ſe former de furieux orages, & tous les thermometres pourroient ſe déregler, qu'une piece de quatre ſols n'en ſeroit pas plus en état de pouſſer vers une baguette une aſſez grande quantité de petits corps pour la tordre entre les mains d'un homme qui la tient bien ſerrée.

Lorsque dans un tems humide l'air est fort chargé de vapeurs, comme de tous côtez elles entourent le bois & les cordes, & qu'insensiblement elles penetrent dans les pores, il est constant qu'elles y font des effets tres-considerables ; mais faudroit-il conclure de là que ce qui s'exhale d'un petit pot plein d'eau qu'on conserveroit dans une chambre, feroit enfler les portes & les fenêtres de la maison?

N'examinons donc pas si de tout ce que l'Auteur a dit, on peut en conclure que ce qui s'exhale d'une petite piece d'argent, peut à tous momens faire tourner rapidement une baguette. Qu'auroit, dit le Pere * Kir-

* *De mũdo subter. l. 10. sect. 2. cap. 7.* Unde passim à peritis & timoratis, ceu magicæ illusionis ex quocumque tandem pacto vanitas introducta respuitur. Neque enim ulla ratio dari potest, cur virga bifurcata utroque cornu firmiter apprehensa, etiam omni magico pacto excluso, tantam tamen violentiam à vaporibus metallicis sustineat, ut illam deorsum trahant..... Siquidem fieri non posse puto, ut virgæ non æquilibratæ, sed violenter tortæ latentia metalla tantam & tam subitaneam vim imprimant, ut illa ultrò se ad terram usque inclinare cogatur : is qui magneticarum motionum peritiam habuerit, attestabitur : ut enim sympathicæ rerum naturalium actiones effectum habeant, † dici vix potest quanto ingenio & industria opus sit, & præcisa æquilibratione corpora disponenda sint ; ut proinde omnes ridendi sint, qui virgulas illas bifurcatas manibus apprehensas, à tam subtili halituum vi concitari posse sibi imaginantur.

ker d'une telle penſée, lui qui aprés avoir fait des experiences autant qu'homme du monde, ſur tout touchant les qualitez *ſympathiques* ou *magnetiques*, ne pouvoit s'empêcher de rire, lorſqu'il entendoit dire que les exhalaiſons qui ſortent des minieres ou des treſors cachez, peuvent faire remuer une baguette qu'un homme ſerre des deux mains. Voyez, je vous prie, ce qu'il en dit. †

Paſſons à l'autre difficulté, ſçavoir ſi les vapeurs & les exhalaiſons auſquelles on attribuë le mouvement de la Baguette, ſe ſont trouvées par tout où elle a tourné. Cette ſeule difficulté vuidée, il ne reſte plus rien à examiner. Car ſi l'on démontre qu'elle a tourné là où la vapeur des corps ſur leſquels elle ſe meut, étoit entierement diſſipée, il eſt clair que ce n'eſt pas ce qui s'exhale des corps qui cauſe ce tournoiment.

Comme l'Auteur de *la Phyſique occulte*, dit en pluſieurs endroits : *Que c'eſt la même conduite de la nature dans le mouvement & l'inclinai-* Page 135.

son de la Baguette divinatoire sur les tresors, sur les sources d'eau, sur les minieres d'or & d'argent, que sur la piste des criminels, puisqu'elle tourne par les vapeurs, les fumées, & les corpuscules qui se transpirent de ces differentes choses. Il suffit d'examiner si la vapeur des meurtriers n'étoit pas dissipée lorsque la Baguette tournoit sur leur piste. Or je croi avoir démontré, & vous en convenez, qu'il ne restoit plus rien de ce que les meurtriers avoient exhalé sur la riviere, lorsque la Baguette d'Aymar y a tourné. La question est donc decidée, à l'égard même de toutes les autres choses sur lesquelles la Baguette tourne.

* *Dans la Lettre sur les hypothéses de M. Garnier & de M. Chauvin,* p. 87.99.

Mais l'Auteur du gros *traité de la Baguette divinatoire*, pourroit avoir remarqué quelque chose de fort, que nous n'aurions peut-être pas prévû ; voyons donc ce qu'il dit sur cette difficulté. Il reconnoît qu'elle fait de la peine à plusieurs personnes, & il veut bien se la proposer comme elle est conçûë dans la Lettre qu'il a déja citée, en ſe propoſant la premiere difficulté. *On n'a,* dit-il, *qu'à lire ſur cela ce qui ſe trouve dans une Lettre, qui a été miſe au Mercure Galand du mois de Janvier 1693. page 27. & 28. On y verra cette objection menagée avec ſoin & avec plaiſir. Si l'Auteur n'y paroît pas Philoſophe, il aura du moins la ſatisfaction d'y paroître Rétheur.* J'ai « lû avec attention les Diſſertations « qu'on nous a envoyées de Lion, & « j'ai été ravi de n'y trouver ni quali- « tez occultes, ni influences d'étoiles. « La matiere ſubtile y voltige agrea- « blement; les corpuſcules y ſont d'u- « ne agilité, & d'une ſoupleſſe propre « à tout ce qu'on peut deſirer; le ma- « nege qu'on leur fait faire m'a ré- « joüi, & je voudrois de bon cœur « pouvoir être content des ſtations « qu'on leur aſſigne, des chemins qu'on « leur fait tenir, & de tous les mouve- « mens qu'on leur donne; mais com- « ment paſſer tout ce qu'on exige des « corpuſcules? On fait demeurer des « mois entiers tout le long d'un che- «

» min de cent lieuës, ceux qui se sont » exhalez du corps d'un scelerat. On » veut qu'ils restent suspendus à la » hauteur de quatre ou cinq pieds, sans » monter ni descendre, sans s'écarter » ni à droit ni à gauche, & qu'ils » soient toujours prêts à donner sur » une baguette, pour la faire tourner » entre les mains d'un certain homme, » toutes les fois qu'il passe par ce che- » min.

L'Auteur de *la Physique occulte* apelle cela du *brillant*, à quoi il veut *opposer quelque chose de solide.* Voici comment il s'y prend.

P. 582. Il répond, 1°. Que *les vapeurs, les exhalaisons & la transpiration, ne se mêlent dans l'air, que comme les corps*
Page 83. *heterogenes*, ou *comme les vingt-quatre lettres de l'alphabet*, c'est-à-dire, *qu'elles conservent toujours leur puis-*
Page 86. *sance.* 2°. Qu'*elles doivent nager comme une huile sur le liquide de l'air grossier, & ne le ceder qu'à l'air plus subtil qui tient le dessus. Et s'il arrive que quelque accident dérange cette subordination de corpuscules de diffe-*

rente figure & pesanteur, ils ne manquent pas de revenir bien-tôt, & de reprendre leur situation naturelle. Cela se prouve par l'experience assez commune de la fiole qui represente la situation des 4. elemens, & par celle de deux fioles à long col, dont l'une qui est pleine d'eau, est renversée par le goulot sur le goulot de l'autre qui est pleine de vin; où l'on voit le vin monter & l'eau descendre. Cela se prouve encore par la fumée du tabac qu'on fait passer dans une fiole pleine d'eau. On a soin d'éclaircir tout cela par la figure d'un homme qui fume; & de nous dire, aprés M. Tavernier & M. de la Loubere, de quelle maniere les Perses & les Siamois prennent le tabac. P. 396.

Ici l'Auteur veut qu'on considere que *les corps mêmes homogenes ne se mêlent pas toujours.* Il le montre par *les corpuscules de la lumiere*, qui nous font voir les objets. *Or*, dit-il, *le volume inébranlable de ces petits corps, nous represente tres-bien l'état de consistance des corpuscules* stagnans *dans* P. 399.

l'air, malgré les vens & les tempêtes. Car enfin les atomes lumineux ne r çoivent point d'alteration par les mouvemens de l'air agité ; & ces rayons quelque vent qu'il faſſe, ne ſe rompent, & ne ſe diſſipent point dans l'eſpace qu'il y a entre l'objet & les yeux. En effet ſi cela arrivoit, nous verrions les objets agitez : ce qui n'arrive pourtant point.

Vous vous ſouvenez, Monſieur, que nous avons répondu à cette difficulté page 112. je n'ai rien à y ajoûter. Laiſſons continuer l'Auteur ; il va faire la deſcription de la *Lanterne magique*, c'eſt-à-dire, d'une lanterne de fer blanc, dans laquelle on met au fond un petit miroir ardent de métal, au milieu une lampe dont la méche eſt fort groſſe ; & ſur le devant à l'ouverture, un tuyau à deux verres qui groſſiſſent les objets. Si entre la lumiere & les verres on met de petites figures peintes avec des couleurs tranſparentes, ſur du verre ou ſur du talc, ces petites figures vont ſe peindre en des formes monſtrueuſes

ſtrueuſes & giganteſques, ſur une muraille bien blanche, dans une chambre obſcure.

Enfin aprés bien des choſes qui n'ont pas trop de raport au ſujet, l'Auteur voit bien qu'il n'a pas encore fait entendre comment une traînée de petits corps peut demeurer fort long-tems ſuſpenduë en l'air dans une même place, depuis Lion juſqu'à Genes, ſans que les vens, la chaleur du Soleil, & pluſieurs autres cauſes la diſſipent. Auſſi ſe propoſe-t'il de nouveau la difficulté, pour y répondre précisément ſans digreſſion. *On demande*, dit-il, *comment les corpuſcules des meurtriers de Lion ont pû demeurer ſur la riviere & ſur la mer, où rien ne paroît propre à les tenir arrêtez.* p. 413.

Re'ponse. *Il ne faut pas s'imaginer que ces corpuſcules qui nagent dans l'air, ayent beſoin d'un ſujet d'inherence pour s'y attacher, afin que le vent ne les emporte pas. C'eſt par les loix inviolables de la nature qu'ils ſont* ſtagnans *dans la baſſe region de l'air.*

Ils ne peuvent ni s'élever ni s'abaisser, tant qu'ils ne seront pas, ou plus legers, ou plus pesans en pareil volume que l'air, dans lequel ils nagent, & se balancent comme l'air sur l'eau, sans qu'il soit necessaire que quelque chose les retienne dans la region où ils sont, puisque la qualité de leur nature particuliere les y retient.

Qui auroit crû que tout ce que l'Auteur avoit à dire, alloit se terminer à suposer que ces petits corps sont *stagnans* dans l'air; qu'ils doivent toujours demeurer dans la même place, & que telle est leur nature.

Nous n'avons donc qu'à montrer qu'ils doivent être entraînez par ceux qui les heurteront, & que le seul mouvement qu'ils ont reçû en transpirant, doit les faire aller les uns d'un côté, les autres de l'autre, ou les faire monter plus haut que la hauteur d'un homme.

Vous pensez sans doute, Monsieur, que je vais renvoyer à ce qui a été dit sur les hypotheses * de M.

* Page 77. & 99

Garnier & de M. Chauvin. Je pourrois bien le faire ; mais *la Physique occulte* suffit pour établir ces deux points, & pour détruire la suposition qui a servi de réponse. Voyez, s'il vous plaît, ce que l'Auteur dit sur cette question : *Pourquoi la Baguette s'incline vers la terre.* Page 239.

Re'ponse. *J'ai déja marqué qu'elle se ment de cette maniere pour se rendre paralelle aux lignes des fumées, qui sont dessus les pas des criminels. Or il n'y a point de doute, que les fumées que l'œil n'aperçoit nullement, s'élevent en haut ; puisque celles que les yeux découvrent tous les jours, se meuvent de la sorte. Les évaporations par lesquelles la matiere subtile se détache de certains corps, portent les fumées en haut ; & c'est, dit* Fracastorius, *le premier mouvement qu'on leur remarque :* Quæ circa contagiones contingunt evaporationes, circumquaque feruntur..... exhalatio omnis multum diffunditur, magis autem sursum & primò. *De contag. lib. 1. cap. 7.*

Pouvoit-on faire entendre plus nettement, que la transpiration des meurtriers s'est dissipée en fort peu de tems ; puisque toute exhalaison s'éleve en haut, & se répand de tous côtez à la ronde. L'Auteur en touche même la raison ; c'est que les exhalaisons ne se détachent pas des corps sans mouvement. Or ce qui est en mouvement, continuë à se mouvoir suivant la détermination qu'il a reçûë.

Voila la premiere cause qui fait que ce que les hommes exhalent le long d'un chemin, ne peut demeurer plusieurs jours dans la même place.

Une autre cause est, que ce qu'ils transpirent se trouve exposé au mouvement de l'air & de la matiere subtile qui les emporte, & les dissipe en fort peu de tems. Ce sera encore l'Auteur de *la Physique occulte* qui vous le dira lui-même en répondant à cette question. *On demande comment Jaques Aymar a pû reconnoître les pots, les verres, la serpe,*

& les autres choses que les assassins avoient touchées.

RÉPONSE. *Les mains transpirent : il n'y a pas lieu d'en douter. Cela paroît même sensiblement, quand on touche une assiete d'argent bien polie ; la trace des doigts s'imprime dessus* COMME UNE PETITE VAPEUR, QUE LE MOUVEMENT DE L'AIR VOISIN DETACHE ET DISSIPE ASSEZ PROMTEMENT.

Aprés cela que reste-t'il, qu'à conclure en cette maniere ? La Baguette a tourné sur la riviere, où par les principes de l'Auteur de *la Physique occulte*, la vapeur des meurtriers ne devoit plus subsister. Elle a tourné sur les plats, sur les pots, & sur les verres, où elle n'étoit pas non plus. Car elle a tourné plus d'un mois aprés que les meurtriers les avoient touchez ; & selon l'Auteur, *le mouvement de l'air avoit détaché & dissipé assez promtement* la transpiration qui s'y étoit d'abord attachée. Ce ne sont donc ni les vapeurs, ni les exhalaisons, ni la transpiration qui font tourner la Baguette.

Or ces petits corps, selon l'Auteur de *la Physique occulte*, aussi bien que selon M. Garnier & M. Chauvin, sont la seule cause materielle à laquelle on puisse attribuer ce tournoiment. Donc il est tres-constant, par les principes mêmes de tous ces Messieurs, que nul corps ne fait mouvoir la Baguette. Je suis, &c.

A MONSIEUR ***.

Comment on peut découvrir ſi les Anges où les Demons, ſont les Auteurs du tournoiment de la Baguette.

EST-il vrai, Monſieur, que les Philoſophes de vos quartiers ne peuvent ſouffrir qu'on attribuë aucun effet aux intelligences? ſeroient-ils ſemblables aux Medecins dont parle * Pſellus? & faudroit-il les mettre au nombre de ces perſonnes auſquelles Perſe auroit dit:

> *O curvæ in terras animæ & cœleſtium inanes!*

Non, Monſieur, je ne puis me le perſuader. Ils ne ſont aparemment, ni Saducéens ni entierement Epicuriens; & comme l'Antiquité ne leur eſt pas tout-à-fait inconnuë, ils doi-

* Nec verò mirum eſt; Marcus ait, quod hæc dicant Medici, qui præter illa quæ ſenſu percipiuntur nihil norunt, ſed ſolis corporibus attendunt. *De oper. Dæmon.*

vent sçavoir que nul point de doctrine n'a été si generalement reçû dans toutes les Nations, que celui de l'existence des Esprits ; & que c'est là-dessus, qu'est fondée toute la mythologie du Paganisme.

Ce n'est pas seulement parmi le peuple que cette doctrine s'est conservée. Pythagore le pere des Philosophes Grecs, admettoit dans les airs une multitude innombrable de genies *, qu'il croyoit auteurs de tout ce qui se fait ici d'extraordinaire, & sur tout des divinations. Platon & ses disciples Jamblic, Porphire, Chalcide, Apulée, Maxime de Tyr, & tant d'autres, ont été dans le même sentiment ; & vous sçavez, Monsieur, de quelle maniere cette doctrine est établie dans l'Ecriture sainte.

* Diog. Laërt.

Comment pourrois-je me persuader aprés cela, que des Philosophes Chrétiens osassent parler si librement sur un article autorisé par la tradition la plus ancienne, & decidé dans l'Ecriture comme un point de foi ? ne faut-il pas qu'ils admettent autre choſe que des corps, & qu'ils remontent même juſqu'à la volonté de Dieu, pour expliquer la communication du mouvement, & tout ce qui ſe paſſe dans le corps des hommes à l'occaſion de leurs deſirs ?

Ainſi tout ce que je puis croire de ce qu'on dit de vos Philoſophes, c'eſt qu'ils craignent qu'on ne recoure aux eſprits, dés qu'on ne ſçaura pas expliquer quelque effet ſurprenant. Si c'eſt-là leur aprehenſion, je n'y voi rien que de raiſonnable ; car il eſt important d'empêcher que bien des gens ne faſſent des eſprits, l'azile de leur ignorance. Mais autre choſe eſt de ne ſçavoir pas expliquer un phenomene, autre choſe de voir qu'il eſt inexplicable & impoſſible par la ſeule communication des mouvemens. Si l'on me diſoit par exemple, que dans un tems fort calme un homme en ſoufflant ſur un papier dans ſa chambre, fait aller un moulin à vent qui en eſt éloigné d'un quart de lieuë, aparemment je n'en croirois rien ; mais si aprés plusieurs observations critiques j'étois persuadé du fait, ainsi que je le suis que la Baguette sans art & sans fraude tourne entre les mains de quelques personnes ; comme je me convaincrois sans peine que cela ne se peut naturellement, je ne voi pas que je pusse me dispenser de raisonner de la maniere que je vais faire, pour découvrir quelle est la cause qui fait tourner la Baguette. Suivez je vous prie ce raisonnement.

Nous n'avons que deux sortes d'idées, idées d'esprit, idées de corps ; & ne devant dire que ce que nous concevons, nous ne devons raisonner que sur ces deux idées. Or nous avons démontré dans les precedentes Lettres, qu'en certain cas nul corps ne fait tourner la baguette ; c'est donc quelque esprit qui la remuë. Voyons quel esprit ce peut être. Nous connoissons de trois sortes d'esprits : il y en a qui sont unis aux corps des hommes : il y en a d'autres qui n'y sont pas unis, & ce sont les Anges, ou les Demons ; & par-dessus tous est l'Estre infiniment parfait, le principe de toutes choses.

Cela supposé, voici l'ordre que j'observe dans la recherche de la cause de quelque effet surprenant. Je commence par ce qui m'est le plus connu ; je la cherche donc d'abord dans l'action des corps, & si je ne puis l'y apercevoir. Je ne conclus pas pour cela que nul corps ne peut être la cause que je cherche ; j'examine s'il ne repugne point qu'un corps produise un tel effet : & jusqu'à ce que j'aye vû clairement que je ne pourrois l'attribuer à la matiere, sans détruire les notions que j'ai des corps, je suspens mon jugement, & ne passe pas outre.

Mais lorsque je découvre que la matiere n'en peut être la cause, je passe aux esprits ; & si je reconnois que nul esprit fini, ne puisse produire cet effet, j'ai recours à la Toute-puissance de Dieu. C'est ainsi que cherchant la cause du mouvement des corps, * ou celle de la creation,

* *Suivant les principes des Cartesiës.*

je me trouve obligé de remonter jusqu'à l'Estre infiniment parfait; parce que c'est en Dieu seul, où je trouve une necessité absoluë, que tout ce qu'il veut se fasse, & que je ne sçaurois voir de liaison necessaire entre la volonté d'un esprit fini, qui veut remuer un corps, ou faire de rien quelque chose, & le mouvement de ce corps, ou le changement du neant à l'estre.

Revenons à la Baguette; & puisque nous avons démontré que nul corps ne la fait tourner, voyons quel est l'esprit qui la remuë. Seroit-ce le desir de ceux qui la consultent? mais l'esprit de l'homme ne peut rien que sur le corps qui lui est uni. D'ailleurs n'est-ce pas l'esprit humain qui consulte la Baguette, & qui la consulte sur une chose qui lui est inconnuë? Il ne sçait donc pas ce qu'elle doit répondre; comment pourroit-il en diriger le mouvement?

Passons donc aux Esprits qui n'ont pas été faits pour animer un corps. Ils ont assurément plus de pouvoir

& de lumiere que n'en ont nos ames, ils sont les Ministres de Dieu, & c'est à eux à qui l'on doit attribuer ce qui ne repugne point à un Estre fini, & qui ne peut être operé ni par les loix generales de la communication des mouvemens, ni par celles de l'union de l'ame avec le corps.

Mais j'aperçoi encore deux sortes de ces esprits, de bons, & de méchans. Et il importe de déterminer si c'est à ceux-ci, ou à ceux-là que je dois attribuer les revelations qui se font par la Baguette. Je cherche donc une regle qui me fasse faire ce discernement, & voici celle que vous avez pû remarquer dans la Lettre de l'Auteur de *la Recherche de la Verité*, & que je trouve dans la Tradition sainte & profane : c'est que les Anges ne font rien d'extraordinaire que pour nous porter à Dieu; & que tout ce qui se fait de merveilleux, qui ne nous porte pas à la veritable felicité, doit passer pour l'ouvrage d'un esprit seducteur.

Porphyre qui étoit un Payen fort

éclairé, a reconnu cette verité; car écrivant au Prêtre Egyptien Anebon, aprés avoir demandé si ceux qui prédisent l'avenir, & qui font des prodiges, ont des ames plus puissantes que les autres, ou s'ils reçoivent ce pouvoir de quelques esprits étrangers, il fait entendre que cette derniere opinion est la plus veritable, parce qu'ils se servent de pierres & d'herbes pour lier quelques personnes, ou pour ouvrir des portes, ou pour d'autres effets merveilleux. D'où vient, dit-il, que quelques-uns croyent qu'il y a un certain genre d'esprits qui écoutent les vœux des hommes, qui sont naturellement fourbes, qui prennent toutes sortes de formes, & que c'est eux qui font tout ce qui semble arriver de bien ou de mal, quoiqu'au fond, ils ne portent jamais les hommes à ce qui est veritablement bien?

Ce que Porphyre ne proposoit que comme une opinion (aparemment par respect pour le Prêtre Egyptien à qui il écrivoit) saint Augustin l'as-

ſure comme une verité. Il dit nette- «
ment, aprés avoir raporté les paro- «
les de Porphyre : Que tout ce qui ſe «
fait d'extraordinaire par le moyen «
d'herbes, de pierres, d'animaux, par «
certains tons de voix, par quelques «
figures faites à plaiſir, & par l'ob- «
ſervation du cours de quelques aſ- «
tres ; c'eſt un badinage des Demons «
qui ſe joüent des ames qui leur ſont «
aſſervies, & qui font leur paſſe- «
tems de l'erreur & de l'aveuglement «
des hommes. «

Ce Philoſophe ajoûtoit même, «
pourſuit ſaint Auguſtin, que quand «
les prediĉtions de ces eſprits ſeroient «
veritables, neanmoins comme ils «
n'avertiſſent pas les hommes de ce «
qu'il faut faire pour arriver à la fe- «
licité, ce ne ſont ni des dieux ni de «
bons demons ; mais que c'eſt ou l'eſ- «
prit ſeduĉteur, ou une impoſture des «
hommes. «

Toutefois comme par le moyen «
de cet art il ſe fait tant de choſes qui «
ſurpaſſent la puiſſance des hommes, «
que reſte-t'il ſinon de dire, que «

„ TOUT CE QUI S'OPERE DE MERVEIL-„ LEUX, ET NE SE RAPORTE POINT AU „ CULTE DU VRAI DIEU, DONT LA „ JOÜISSANCE EST SEULE CAPABLE DE „ RENDRE HEUREUX, SELON L'AVIS DES „ PLATONICIENS MESMES, DOIT PASSER POUR UNE ILLUSION DES DEMONS, QU'UNE PIETÉ VERITABLE DOIT FAIRE REJETTER AVEC SOIN.*

De cette seule regle on peut aisément conclure que l'usage de la Baguette ne peut venir des Anges: mais nous avons une autre marque plus palpable & plus décisive de l'operation du malin esprit, c'est l'erreur & la tromperie. Ce caractere

* Cæterum illos quibus conversatio cum diis ad hoc esset ut ob inveniendũ fugitivũ vel prædiũ comparandũ vel propter nuptias vel mercaturam vel quid hujusmodi, mentem divinam inquietarent, frustra eos videri dicit coluisse sapientiam. Illa etiam ipsa numina cum quibus conversarentur, etsi de cæteris rebus vera prædicerent, quoniam tamen de beatitudine nihil cautum nec satis idoneum monerent, nec deos illos esse nec benignos dæmones, sed aut illum qui dicitur fallax aut humanum omne commentum.

Verum quia tanta & talia geruntur his artibus ut universum modum humanæ facultatis excedant: quid restat nisi, ut ea quæ mirificè tanquam divinitùs prædici vel fieri videntur, nec tamen ad unius Dei cultum referuntur, cui simpliciter inhærere, fatentibus quoque Platonicis, & per multa testantibus, solum beatificum bonum est, malignorum dæmonum ludibria & seductoria impedimenta, quæ vera pietate cavenda sunt, prudenter intelligantur. *De Civit. Dei l. 10. c. 11. 12.*

ne

ne peut être équivoque ; & c'est par-là tôt ou tard que l'on aperçoit les pieges du tentateur. Comme il est esprit d'erreur & de mensonge, il est rare qu'il dise vrai durant long-tems. Aussi l'Auteur du *Traité de l'esprit & de la Lettre* *, admet-il pour une regle assurée du discernement du bon esprit d'avec le méchant, que l'un instruit & l'autre trompe. *a*

Quelquefois neanmoins, dit saint Augustin, le tentateur se contraint, il se déguise, il dit vrai ; & enseignant des choses utiles, il se transforme en Ange de lumiere. Comment s'y prendre alors pour le reconnoître ? cela n'est pas facile *b*. Mais dés qu'on aperçoit de la fraude, de l'illusion, du mensonge, toute difficulté est levée ; le seducteur s'est montré.

Il ne faudroit donc plus examiner

* Inter opera August.

a Humanum spiritum aliquando bonus, aliquando malus assumit spiritus, nec facile discerni potest, à quo spiritu assumatur, nisi quia bonus instruit & malus fallit. *c.* 27.

b Discretio sane difficillima est cum spiritus malignus..... dicit quod potest, quando etiam vera dicit & utilia prædicat, transfigurans se sicut scriptum est velut Angelum lucis, ad hoc ut cum illi in manifestis bonis creditum fuerit, seducat ad sua. *De Genes. ad litt. l. 12. c. 13.*

ſi c'eſt un bon ou un méchant eſprit qui fait tourner la Baguette ; car jamais plus d'illuſions & de menſonges que dans les ſignes qu'elle donne. Il faudroit un gros volume pour décrire les variations & les contradictions de la Baguette. Je ne parle pas de celles qui ont trompé tant de perſonnes, depuis qu'on s'en ſert pour chercher des treſors, & qui l'ont faite apeller la Baguette au vent *virgula ventoſa* ; je dis ſeulement pour décrire les tromperies de la Baguette d'Aymar, depuis la découverte du meurtre de Lion. Ce fameux Devin fut un prophete de menſonge à Voiron auprés de Grenoble, ſa baguette tourna ſur un garçon fauſſement accuſé d'un larcin, & ne tourna pas ſur le veritable voleur. Deux jours aprés l'Epreuve de la Baguette, l'affaire fut éclaircie, & Aymar quitta le païs. Le fait eſt conſtant, pluſieurs perſonnes de Voiron en ont donné des atteſtations autentiques ; & pour ne vous laiſſer aucun lieu d'en douter, je n'ai qu'à vous dire que M. le Cardinal le Camus m'a fait l'honneur de me l'écrire.

Mais depuis qu'Aymar eſt à Paris, combien de fois la Baguette a-t'elle manqué ? Chez Monſieur le Prince elle fut immobile ſur l'or & ſur l'argent qu'on avoit caché, & ne tourna que ſur un ſac de cailloux. On a conduit Aymar dans une ruë de Paris, ſur l'endroit même, où tout recemment il s'étoit fait un meurtre ; & ni ſon ſang, ni la Baguette n'y ont été agitez *.

* *Deux Princes, M. le Procureur du Roi, &c. étoient preſens.*

Ne faut-il donc pas conclure que ſi le tournoiment de la Baguette n'eſt pas l'effet de la fourberie des hommes, il ne peut être que l'ouvrage des eſprits fourbes & menteurs, tels que le ſont les Demons.

Mais pourquoi le Demon tromperoit-il, dit-on ? n'eſt-ce pas là le moyen de perdre toute creance ? S'il veut attirer les hommes à lui, quel avantage trouveroit-il à les tromper en de ſi petites choſes ?

Je répons, 1°. Que le Demon trompe quelquefois, parce qu'il ne ſçait pas ce qu'on lui demande. Il ne sçait pas toutes choses. Il ne fait pas attention generalement à tout ce qui se passe dans le monde. On lui demande si une telle borne n'a jamais été changée de place, peut-être n'en sçait-il rien. Il est même bien difficile qu'il le sçache ; ainsi il n'en dira rien, ou bien il répondra à tort & à travers tout ce qu'il voudra, sans se mettre en peine si c'est la verité ou un mensonge.

2°. Les Demons trompent, parce qu'ils aiment à faire leur métier *a*. Il se font un plaisir, dit saint Augustin *b*, de faire tomber les hommes dans l'erreur & dans l'illusion, & ne craignent pas pour cela de manquer de gens qui recherchent les pratiques qu'ils inspirent. Premierement, parce qu'ils trouvent toûjours des défenseurs qui expliquent tout favorablement, & qui attribuent les er-

a Non est veritas in eo, cum loquitur mendacium ex propriis loquitur, quia mẽdax est, & pater ejus. *Joan.* 8. 44.

b Fallunt etiam studio fallendi, & invida voluntate qua hominum errore latantur. Sed ne apud cultores suos pondus authoritatis amittant, id agunt ut interpretibus suis signorumque suorum conjectoribus culpa tribuatur, quando vel decepti fuerint vel mentiti. *De divinat. dæm.* c. 6.

reurs où l'on tombe, non pas au pretendu secret ou à celui qui en est l'auteur, mais à ceux qui le mettent en pratique. En second lieu, parce qu'ils font deviner assez de choses pour exciter la curiosité & la cupidité des hommes. Ils sçavent que la moindre aparence de verité les contente ; qu'ils conservent le souvenir des occasions où ils n'ont pas été trompez dans leur attente ; & qu'au contraire ils oublient aisément les illusions & les mensonges des pretendus devins *.

3°. Ce que gagne le Demon en trompant les hommes, c'est qu'il fait souvent commettre bien des pechez. Je me suis trouvé dans une ville, où deux ou trois étourdis firent passer Jaques Aymar le long d'une ruë, pour sçavoir s'il y avoit des maisons où les filles & les femmes eussent mal menagé leur honneur. La Baguette tourna à cinq ou six portes : cela se répandit dans la ville, & fit faire tant de médisances, tant de calomnies, mit un si grand desordre

* Non tenent homines memoria falsitates mathematicorum, non intenti nisi in ea, quæ illorum responsis provenerunt, ea quæ non provenerunt obliviscuntur. *l.* 83. 11. *q.* 45.

dans deux ou trois familles, que le Demon avoit grand ſujet de s'en réjoüir. Cependant ſelon toutes les aparences, les indices qu'avoient donné la Baguette étoient faux.

Monſieur le Curé d'Eybens prés de Grenoble, écrit qu'une perſonne à qui on avoit volé du blé, eut recours à la Baguette. Elle tourna à la porte de ſept ou huit maiſons. Celui qui avoit été volé ſe perſuade que le blé y eſt. Il s'en plaint hautement, & veut faire des perquiſitions juridiques. D'abord les ſoupçons, les médiſances, les calomnies, les querelles, & les injures les plus atroces, ſoulevent preſque tous les Paroiſſiens les uns contre les autres; voila ce que gagna le Demon. Cependant M. le Curé aprit par une voye ſûre, que la Baguette avoit tourné à faux, & que les voleurs ni le blé volé n'étoient point entré dans ces maiſons.

4°. Il importe au Demon que ceux qui doivent veiller ſur les actions des peuples, n'interdiſent pas toutes ces pratiques qui ſont à pluſieurs perſonnes une occaſion de peché. L'expedient qu'il prend pour détourner ces ſortes de défenſes, c'eſt de faire manquer le ſecret en preſence des perſonnes les plus qualifiées. On en rit; on regarde tous ces pretendus ſecrets comme des folies & des amuſemens qu'il faut laiſſer au peuple. On laiſſe donc dire & faire à chacun ce qu'il voudra. Voila ce que le Demon pretendoit : il a ſon compte.

5°. Si toutes les pratiques extraordinaires, qui ne peuvent être naturellement expliquées, réuſſiſſoient ſans qu'il y eut lieu de craindre la fourberie du côté des hommes; les plus libertins ſe perſuaderoient peut-être enfin qu'il y a des eſprits : & c'eſt là une verité que le Demon affoiblit, & détruit même autant qu'il peut. Car elle eſt d'une telle conſequence, & d'une ſi grande liaiſon avec les autres points de la Religion, que celui qui connoît des Anges prévaricateurs, connoîtra bien-tôt tout le reste.

Le Demon mêle donc dans toutes ses œuvres beaucoup d'illusions parmi quelques veritez, afin que la difficulté de discerner le vrai d'avec le faux, fasse prendre à chacun le parti qui lui plaît davantage, & que les incredules puissent se soutenir dans leur opiniâtreté.

Cela lui réussit si bien, que les plus sages même n'osent rien dire sur les faits. Et quoique l'Ecriture & les Peres * nous avertissent en mille endroits des artifices des esprits seducteurs : quoiqu'on sçache sur cette matiere beaucoup d'histoires, qu'on ne peut ce semble raisonnablement revoquer en doute ; & qu'il y ait parmi le peuple un tres-grand nombre de pratiques superstitieuses qui ont fort souvent leur effet ; neanmoins parce qu'il y a aussi fort souvent de l'illusion & de l'imposture mêlée, cela fait qu'ordinairement

* Metuenda est aëriorum animalium mira fallacia, quæ per rerum ad istos sensus corporis pertinentium, quasdam divinationes, nonnullasque potentias decipere animas facillimè consueverunt, aut periturarum fortunarum curiosas, aut fragilium cupidas potestatum, &c. *De Ordine l. 2. 27.*

on traite tout de folie, & qu'on laiſſe agir le peuple ſans ſe mettre en peine de le détromper. Voila encore un coup ce que demandoit l'eſprit de malice. * *Que le Dieu de paix le briſe bien-tôt ſous nos pieds. La grace de Nôtre-Seigneur* JESUS-CHRIST *ſoit avec nous.* Je ſuis, &c.

* Deus autem pacis conterat Satanam ſub pedibus veſtris velociter. Gratia Domini noſtri Jeſu Chriſti vobiſcum. *Ad Rom.* 16. 20.

A MONSIEUR ***.

Réponse aux difficultez qui ont été proposées, pour montrer que l'usage de la Baguette est naturel, & qu'il ne peut être mis au nombre des pratiques superstitieuses.

JE ne refuse point, de répondre aux difficultez que proposent plusieurs personnes d'esprit. Mais qu'on n'exige pas, je vous prie, Monsieur, que je fasse des reflexions sur tout ce qui se dit de la Baguette. Tout le monde se mêle d'en juger, d'en parler, d'en écrire. Des Ecoliers de Philosophie s'exercent sur cette matiere, & font voir par leurs ouvrages mêmes, sans se nommer, qu'ils sont Ecoliers. Que puis-je en dire, si ce n'est qu'il vaut bien mieux que de jeunes gens se divertissent à faire voltiger des corpuscules comme il leur plaît, que s'ils passoient le tems à mêler des cartes, ou à faire rouler des dez?

Je n'ai rien à dire de plus particulier sur les discours en l'air que font certains grands parleurs, dont la tête est un magazin de plusieurs choses mal digerées, & qu'ils apliquent ordinairement de travers. N'oubliez pas ce qu'a dit un Auteur qui a sçû fort agreablement parsemer tous ses ouvrages du Sel attique. *Il y a une infinité de gens, qui n'ont aucun goût,* B. M. 86. *ni aucune justesse d'esprit, & qui sont neanmoins les plus decisifs du monde sur ce qui les passe.* Que seroit-ce, s'il faloit examiner tout ce que disent des personnes de ce caractere?

Enfin il y en a qui ne se donnent point la peine, de mediter sur ce qu'ils disent, ni sur ce qu'ils font, qui écrivent, ou pour se divertir, ou pour faire plaisir à quelques personnes, ou pour se décharger vîte des premieres pensées qui leur sont venuës dans l'esprit sur les sujets dont on leur a parlé.

Quoiqu'il en soit, rien ne seroit ni plus ennuyeux ni plus inutile, que de répondre à ce que proposent ces gens-là. On vient par exemple, de me montrer deux écrits joints ensemble, dont le premier a pour titre *la Baguette justifiée*, ou *Réponse à une Lettre du Pere le Brun*. Devrois-je faire quelque reflexion sur cet ouvrage? S'il va jusqu'à vous, vous verrez bien que ce seroit grossir inutilement mes Lettres que d'en transcrire une partie pour y répondre. Ne vaut-il pas mieux s'attacher à ce qu'on propose de plus net, de plus précis & de plus fort? Je vous avouë que je suis fort embarrassé quand je me trouve obligé de répondre à certaines pieces, dans lesquelles le ridicule domine. Car je crains d'un côté de blesser les Auteurs, & je voi de l'autre qu'il seroit peut-être à propos de suivre la regle de Tertullien & de saint Augustin, qui veulent qu'on ne refute certaines choses, qu'en s'en moquant, de peur qu'une réponse serieuse ne leur donnât du poids. Les difficultez suivantes ne nous mettront pas dans cet inconvenient.

DIFFICULTE'.

« On ne doit jamais donner de consentement entier qu'aux propositions qui paroissent si évidemment vrayes, qu'on ne puisse le leur refuser, sans sentir une peine interieure, & des reproches secrets de sa raison. »

Recherche de la Verité. l. 1. ch. 2.

Certainement à s'en tenir à cette admirable regle, on ne croira point que le mouvement de la Baguette soit diabolique, & non naturel. Pourquoi cela? parce qu'il faut auparavant avoir connu clairement & distinctement toutes les causes naturelles qui peuvent avoir quelque raport à cet effet; & il faut être assuré par l'examen qu'on en a fait, qu'aucune de celles qu'on a passées en revûë, n'y ont point du tout contribué. Franchement, j'avouë qu'après ce travail & cette étude qui ne

Physique occulte. p. 534. & 35.

demande pas un esprit mediocre, un homme s'est acquis un droit incontestable de decider si le mouvement de la Baguette est, ou n'est pas naturel.

Monsieur Garnier avoit déja proposé la même difficulté. *Il faut toujours*, dit-il, *pour éviter l'erreur que l'évidence precede le consentement de la volonté. Dans le fait dont il s'agit par exemple, pour parler raisonnablement, il faudroit que ceux qui veulent absolument soutenir que tous les talens d'Aymar ne peuvent avoir une cause naturelle, connussent toutes les causes naturelles qui peuvent avoir quelque raport à ces talens; & que les ayant toutes examinées, ils connussent qu'aucune n'y peut contribuer; ils pourroient alors avec quelque raison prononcer que ces talens ont une cause qui n'est pas naturelle.*

Page 68. & 69.

RÉPONSE.

Ce seroit assurément une présomption insuportable, que de dire, je ne puis expliquer un tel phénomene; donc nul Philosophe ne l'expliquera.

Quand même personne ne sçauroit l'expliquer, on ne devroit pas pour cela conclure que l'effet n'est pas naturel. Mais si l'on voit clairement qu'on ne peut attribuer cet effet à une cause materielle, sans détruire l'idée que l'on a de la matiere; on n'a nul besoin d'examiner autre chose. Par la regle établie, il faut conclure que l'effet n'est pas naturel, c'est-à-dire, qu'il n'est pas produit par la seule action des corps.

Suposons par exemple, qu'au seul desir d'un certain homme les cloches sonnent. Est-ce que pour déterminer si cet effet est naturel, ou si s'il ne l'est pas, je dois sçavoir toutes les manieres dont on sonne les cloches, ou que je dois connoître tous les ressorts imaginables qui peuvent les faire sonner? Ne suffit-il pas que je sçache que les cloches n'ont point d'esprit, & qu'elles ne peuvent ni connoître le desir d'un certain homme, ni se mettre en état de lui obéir?

Donc si j'aperçoi qu'en presence

des mêmes corps, & entre les mains d'une même personne, tantôt la Baguette tourne, & tantôt elle ne tourne pas, à cause des desirs differens de ceux qui la consultent ; comme je ne sçaurois donner aux corps une intelligence qui leur fasse apercevoir des pensées, *sans sentir une peine interieure & des reproches secrets de ma raison*, je dois dire que ce n'est pas l'action des corps qui fait tourner la Baguette.

Or il est évident que la Baguette s'accommode aux desirs de ceux qui la consultent. Je pourrois le montrer par cent faits, si je ne craignois de faire des Livres plûtôt que des Lettres ; & si je ne m'étois fait une loi de ne raisonner que sur des faits publics, raportez par ceux-mêmes qui nous donnent des systémes.

Ainsi comme c'est Monsieur Garnier qui propose la difficulté, je voudrois seulement le prier de faire reflexion sur ce qui se passa à Lion en sa presence chez Monsieur le Lieutenant General.

Lorſqu'on faiſoit chercher à Aymar l'or ou l'argent caché, la Baguette les découvroit. Lorſqu'on lui demandoit quels étoient ceux de la compagnie qui avoient de l'argent dans leurs mains, la Baguette le deſignoit auſſi par ſon tournoiment. Mais veut-on ſçavoir ſi quelqu'un a volé de l'argent, la Baguette ne tourne plus ſur perſonne ? *Voici encore un fait*, dit M. Garnier, *dont je ſuis témoin, & qui eſt digne de remarque.* P. 101.

Madame la Lieutenante Generale eut la curioſité de ſçavoir ſi cet homme * *pourroit deviner un vol qu'elle auroit fait elle même. Elle prit donc à ce deſſein la bourſe à Monſieur de Puget, puis elle demanda à cet homme, s'il n'y avoit point de voleur dans la chambre où l'on étoit ? Aymar nous examina tous, & ne reconnut point de voleur. Elle lui dit encore, prens bien garde, tu te trompes, il y a ici quelqu'un qui a volé à un autre ſa bourſe dans cette chambre même. Aymar nous examina une ſeconde fois, & ne connut*

* Jaques Aymar.

point le vol ; & comme on lui soutint qu'il se trompoit, & qu'il avoit été fait un vol dans la chambre, il répondit froidement qu'il faloit que ce vol eût été fait pour rire & d'une maniere innocente, auquel cas il n'en pouvoit rien connoître, assurant que si le vol avoit été fait d'une maniere criminelle, il n'auroit pas manqué de le connoître.

Que de moralitez dans les circonstances de ce fait ! Mais ne faisons reflexion qu'à la raison pourquoi la Baguette qui tournoit il n'y a qu'un moment dans les endroits où il y avoit de l'or & de l'argent, ne tourne plus à present, quoique l'homme à la Baguette touche les personnes qui en ont. N'est-ce pas parce qu'on ne consulte plus la Baguette pour sçavoir si quelqu'un a de l'argent, mais qu'on la consulte seulement pour sçavoir si quelqu'un a volé ? Et n'est-il pas évident que si ce qui s'exhale des métaux faisoit tourner la Baguette, elle n'auroit pas manqué de tourner auprés de Madame la Lieutenante Generale, qui outre sa bourse avoit encore celle de Monsieur de Puget ? Je ne sçai comment on pourroit faire reflexion sur de tels faits, sans avoüer qu'il faut que la Baguette ait de l'esprit.

Si vous avez lû la Relation de ce qu'a fait Aymar pour découvrir ce qui a été volé à Madame de Bourlemont. Vous y aurez vû bien plus clairement que la Baguette s'accommode aux desirs des hommes, & qu'elle doit avoir de l'esprit.

Lorsqu'Aymar guidé par sa Baguette, est allé en des endroits où l'on a trouvé de l'or & de l'argent monoyé, dont une grande partie étoit du vol, la Baguette en a fait le discernement. Elle a tourné sur les especes volées, & n'a pas tourné sur les autres. Elle a tourné sur de nouvelles especes qui n'avoient pas été volées, mais qui avoient été changées à la monoye pour les anciennes qui avoient été volées.

Va-t'on dans une chambre où il y a de l'or & de l'argent separément sans qu'on le sçache ; la Baguette tourne, & fait connoitre distinctement qu'il y a dans un endroit de l'or, & dans l'autre de l'argent. On presente ensuite à Aymar de la vaisselle d'argent, pour sçavoir si elle a été volée, la Baguette est immobile. Mais il n'y a qu'un moment qu'elle tournoit sur l'or & sur l'argent; la vaisselle n'en est-elle pas ? Il est vrai; mais aussi considerez qu'on ne consulte à present la Baguette que pour sçavoir si la vaisselle a été volée, & non pas si elle est d'argent.

En verité, Monsieur, si on reflechit sur des faits de cette nature: ou si on se donne la peine de lire avec attention les reflexions que je vous ai envoyées sur la découverte du meurtre de Lion; & qu'aprés cela on ose encore soutenir que la Baguette se meut naturellement sur ce qu'elle découvre, comme l'aiman se tourne vers le pole; je ne sçaurois m'empêcher de dire aprés Ovide,

Proh superi, quantum mortalia pectora cæca
Noctis habent!

DIFFICULTÉ.

« C'eſt un principe, dit-on, reçû en « Theologie, & bien établi par ſaint « Thomas, qu'une pratique n'eſt ſu- « perſtitieuſe & illicite, que lorſqu'on « y joint des paroles, des caracteres, « des figures, & autres obſervations « de cette nature. *Il faut donc conclure*, dit l'Auteur de la Phyſique occulte, *que puiſqu'on n'employe dans l'uſage de la Baguette, ni caracteres, ni figures, ni paroles, ni ceremonies, ni vaines obſervations, il n'y peut avoir ſelon tous les Theologiens, ni ſuperſtition, ni pacte explicite, ou implicite.*

RÉPONSE.

On ſe trompe. La raiſon pourquoi les caracteres, les figures & les paroles rendent une pratique ſuperſtitieuſe, c'eſt à cauſe que toutes ces choſes n'ont pas de proportion avec l'effet qu'on en attend. Donc ſi ce qu'on employe, ſans aucune vaine obſervation, n'a pas de proportion avec l'effet qu'on veut produire, la pratique n'en sera pas moins superstitieuse.

Si l'on disoit à un homme prêt à se faire arracher une dent, qu'en mettant une féve dans la main, la dent s'arrachera d'abord d'elle-même, ou bien qu'il n'a qu'à prononcer *pana gana fana*; je dis que ces deux pratiques seroient également superstitieuses; parce que si trois mots ne peuvent ébranler & déraciner une dent, la féve ne peut pas non plus le faire.

Quand ces Messieurs citent, les uns saint Thomas, & les autres tous les Theologiens, c'est une marque que ni les uns, ni les autres, ne lisent guere ni saint Thomas, ni les Theologiens. Car saint Thomas, saint Bonaventure, Alexandre d'Alés, Gerson, & Guillaume de Paris, disent en plusieurs endroits, qu'une pratique n'est exempte de superstition, que lorsque la cause qu'on employe a naturellement la vertu de produire l'effet qu'on en attend. Donc s'il n'eſt pas naturel qu'une baguette ſe torde pour marquer qu'une certaine pierre a été priſe pour borne, quoiqu'on ne prononce aucunes paroles en tenant la baguette, il ne laiſſe pas d'être conſtant que cette pratique eſt illicite, & qu'elle part d'un méchant principe. Je pourrois citer deux cens Theologiens qui vous diroient la même choſe ; mais il ſuffit de mettre ici la regle qu'établit Suarez ſur les principes generalement reçûs.

Lorſqu'on * attend un effet d'une cauſe qui n'a pas naturellement la vertu de le produire, il eſt certain que le ſecret eſt diabolique. On le prouve ainſi : les moyens dont on ſe ſert pour produire cet effet, ne peuvent être de vrayes

* Quando effectus qui per hanc artē promittitur, ſupra vires eſt creatarū cauſarū, certum eſt talem artem eſſe diabolicam, & magicam deceptionem. Probatur, quia media quæ ad tales effectus adhibentur, non poſſunt eſſe cauſæ, ex ſe habentes virtutem ad illos, quia media ſunt actiones humanæ, vel applicationes rerum naturalium, effectus autem ſunt longè ſuperiores : ergo adhibentur ut ſigna, ad quorum præſentiam aliquis alius operatur : ſed ille non eſt Deus, nec ſanctus Angelus ; tum quia Deus nunquam talia ſigna inſtituit, tum quia in eis nihil eſt, quod Deum deceat, nec quod pietatem promoveat. Eſt ergo Dæmon, à quo non verè, ſed per præſtigia fit talis effectus. *Lib. 2. de ſuperſtit. c. 15. n. 9.*

» causes ; car ces moyens sont, ou des » actions des hommes, ou l'aplication » de certaines choses naturelles. Or » l'effet est au dessus du pouvoir des » hommes & de la vertu des choses » naturelles ; donc il ne faut les regar- » der en cette occasion, que comme » des signes de la presence d'un autre » agent. Or cet agent ne peut être, ni » Dieu, ni un Ange ; parce que ces si- » gnes ne sont pas d'institution divine, » & qu'il ne s'y trouve rien qui ait le » caractere des actions de Dieu, & » qui porte à la pieté. L'auteur donc » de ces signes & de l'effet produit, ne » peut être que le Demon.

Cette Regle est tout-à-fait conforme à ce que les Peres ont dit sur cette matiere. Saint Augustin & S. Chrysostome la suposent en cent endroits ; & c'est sur ce principe qu'ils mettent au nombre des pratiques superstitieuses & des illusions des Demons, les divinations par l'eau, par le feu, par le froment, par des baguettes, & par une infinité d'autres choses. C'est encore sur ce même principe

principe qu'ils condamnent les taliſmans, les preſervatifs ou *amuletes*, quoiqu'ils fuſſent ſouvent compoſez ſans paroles & ſans caracteres. Auſſi lorſque ſaint Auguſtin fait le détail des pratiques ſuperſtitieuſes *, outre celles qui ſont évidemment telles par des paroles, ou par des caracteres, compte-t'il celles qui conſiſtent ſeulement à porter ſur ſoi quelque petite partie d'un os, ou d'une racine, & qu'on veut faire paſſer pour des ſecrets Phyſiques, comme ſi c'étoient des choſes qui puſſent d'elles-mêmes produire certains effets fort ſinguliers.

DIFFICULTÉ.

Si l'uſage de la Baguette avoit pour auteur le Demon, il ne réuſſiroit qu'en vertu de quelque pacte. Or ceux qui font tourner la Baguette, n'ont point

* Ad hoc genus pertinent omnes etiam ligaturæ, atque remedia quæ medicorum quoque diſciplina condemnat, ſive in præcantationibus, ſivè in quibuſdam notis quas characteres vocant, ſive in quibuſque rebus ſuſpendendis atque alligandis, vel etiam aptandis quodammodo, non ad temperationem corporum, ſed ad quaſdam ſignificationes aut occultas, aut etiam manifeſtas, quæ mitiori nomine Phyſica vocant, ut quaſi non ſuperſtitione implicare, ſed natura prodeſſe videantur : ſicut ſunt inaures in ſummo aurium ſingularum, aut de ſtruthionum oſſibus anſulæ in digitis. *De Doctrina Chriſt. l. 2. c. 20.*

fait de pacte avec le Demon ; car tout pacte est, ou explicite, ou implicite. L'explicite se fait, lorsque l'on convient expressément par soi, ou par autrui avec le Demon, ou bien lorsque l'on fait quelque chose, dont on attend un effet que l'on sçait certainement provenir du Demon. Et il est bien certain que l'homme à la Baguette n'a pas fait un pacte de cette nature.

Mercure de Février.

Le pacte implicite consiste precisément à faire une action, ou vaine en elle-même, ou à laquelle on joint quelques circonstances vaines & inutiles, c'est-à-dire, qui n'ont de soy aucune proportion avec l'effet qui est produit. Or si les choses qu'Aymar pratique étoient de cette sorte-là, il arriveroit que tous ceux qui se serviroient de la Baguette dans les mêmes circonstances, & pratiquant les mêmes choses que lui, contracteroient le pacte implicite avec le Demon, & que par consequent la Baguette tourneroit entre leurs mains ; ce qui est tout-à-fait contraire à l'experience, puisque d'un tres-grand nombre de personnes qui ont fait l'essai *de la Baguette, il ne s'en eſt trouvé que fort peu, entre les mains de qui elle ait plié.*

RE'PONSE.

Je répons, 1°. Que le Demon peut agir ſans avoir fait de pacte avec les hommes. Il a tranſporté JESUS-CHRIST d'un lieu à un autre. Il l'a tenté & tente ſouvent les juſtes qui n'ont point fait de pacte avec lui. Comme il ne reçoit pas des hommes le pouvoir qu'il a ſur les corps, il peut remuer une baguette, & toute autre choſe indépendemment de nos volontez. Il ne ſuffit donc pas de dire, qu'on ne s'eſt jamais donné au Diable, & qu'on ne l'a ni vû, ni invoqué. On plaiſante quelquefois fort mal-à-propos ſur cet article, & on le fait d'une maniere qui marque beaucoup d'ignorance & peu de Religion.

L'Ecriture ne nous défend pas ſeulement de recourir aux demons. Elle nous avertit perpetuellement de nous tenir ſur nos gardes, d'obſerver

les pieges qu'ils nous tendent, & de
* *Jac.* repousser * toutes leurs attaques par
4. 5. une vive foi. Les Docteurs & les
1. Pet. 5. Pasteurs de l'Eglise, ont toujours
8. & 9. donné aux Fidéles les mêmes avis, & on n'a jamais douté que le Demon ne puisse faire plusieurs choses surprenantes pour seduire les hommes, sans qu'ils ayent fait de pacte avec lui. Il peut donc agiter une baguette entre les mains d'un homme qui n'a jamais fait de semblable pacte. Il pourroit même la remuer, malgré cet homme, comme il a possedé plusieurs personnes qui n'auroient pas voulu être possedées.

Il est vrai que si ceux qui se sont servis de la Baguette, ou de quelque chose de cette nature dans une grande simplicité, renonçoient au Demon, au premier doute, souhaitoient que l'usage ne réussit point, & demandoient à Dieu la grace de ne pas permettre que le seducteur agit dans eux, il y a lieu de croire que le demon qui ne gagneroit rien là, n'agiroit point. Je suis témoin que cela eſt arrivé de cette maniere, à l'égard de quelques perſonnes qui s'étoient ſervies pluſieurs fois de la Baguette avec ſuccés. Aprés qu'elles furent entrées dans ces diſpoſitions, la Baguette ne leur tourna plus : *Reſiſtez au Diable, & il s'enfuira de vous.* S. Jaques 5. 4. Vous pourrez voir ces faits dans deux Lettres que j'ai écrites depuis peu à Monſieur ***. je les joindrai à celle-ci.

Je répons, 2°. Que quand les Theologiens diſent que les pratiques ſuperſtitieuſes ſupoſent une eſpece de pacte, ils ne pretendent pas pour cela qu'il y ait un accord formel entre les hommes & le Demon. Ceux mêmes qui propoſent l'objection, ne font conſiſter le pacte implicite, qu'à faire préciſément une action vaine, c'eſt-à-dire, qui n'ait de ſoi aucune proportion avec l'effet qui eſt produit. Voici donc de quelle maniere ſe contracte ce pacte.

On ſe ſert par exemple d'une baguette, qui par un tournoiment doit indiquer les veritables bornes d'un champ. Ce qu'on fait paroît naturel, tout se reduit à prendre un bâton de coudre, ou de quelqu'autre espece de bois. Mais il n'y a nulle proportion entre une borne & l'agitation d'une baguette ; car l'essentiel d'une borne est la convention de deux personnes : pure moralité qui ne peut ébranler un bâton ; ainsi l'action qu'on fait est vaine, l'effet n'est pas produit naturellement. Suposons donc que le Demon a inspiré cet usage, & qu'il le fait réussir. Celui qui cherchera des bornes avec la Baguette, doit être censé entrer en commerce avec le Demon, & participer à son œuvre, parce qu'il agit avec lui. L'un tient la Baguette, l'autre la fait tourner ; voila le commerce. On a beau dire alors, je renonce à tout pacte ; les paroles sont démenties par les actions. Le Demon a suffisamment averti qu'il agissoit dans cette pratique ; il n'y faut jamais recourir si on abhorre son commerce.

DIFFICULTÉ.

La Baguette découvre des ſcelerats, fait faire des reſtitutions, fait trouver les métaux, & pluſieurs autres choſes utiles. Eſt-il vrai ſemblable que le Demon voulut faire tant de bien aux hommes ?

RÉPONSE.

N'eſt-ce pas une choſe fort ordinaire que les ſeducteurs couvrent de quelque bien aparent le mal qu'ils veulent faire ? Si la Baguette ne ſervoit qu'à des uſages criminels le Demon ne ſeduiroit que des ſcelerats ; & ce ſont-là des gens qui tiennent à lui par bien d'autres endroits que par la Baguette. Il doit donc montrer quelque bien aparent, s'il veut ſeduire des gens de probité, & les engager à ſe ſervir de la Baguette, même dans le doute ſi l'effet eſt naturel, ou s'il ne l'eſt pas. Mais comme l'eſprit de malice doit faire plus de mal que de bien, voyons ſi ſous le bien que la Baguette ſemble procurer, il ne se fait pas plus de mal.

Elle a découvert un criminel. Notez qu'il étoit déja en prison. Elle a fait faire, dit-on, quelques restitutions à Lion. Mais combien de crimes a-t'elle fait commettre ? combien de broüilleries a-t'elle produit dans un grand nombre de familles par de fausses accusations ? vous l'avez vû dans la precedente Lettre. Combien de vols a-t'elle fait faire, depuis qu'elle est en usage ? Ceux qui ont été dans les armées d'Allemagne, nous aprennent qu'il n'est rien de plus commun que de voir les soldats dans leur route chercher, la Baguette à la main, ce que leurs hôtes ont caché avec le plus de soin. Ils s'en servent même lorsqu'ils campent, pour se voler les uns les autres. Pain, vin, or, argent, linge & autres nipes, la Baguette découvre tout pour faciliter les larcins.

Voila déja bien des maux qui font gemir à ce que je voi des Auteurs Allemans qui ont parlé de la Baguette.

te. Et pour le bien qu'elle procure, voyez, je vous prie avec combien de ménagement & de reſerve cela ſe fait. Remarquez-le dans la découverte des meurtriers de Lion. Trois ſcelerats font un meurtre, & un vol tout enſemble. L'un des trois a beaucoup moins de part que les autres, & au meurtre & au vol. Ses mains n'ont point été enſanglantées. Il n'a fait que garder la porte de la cave où le meurtre s'eſt fait; & de cinq cens francs qu'on a volez, il ne lui en eſt venu que ſix écus pour ſa peine. Bien moins adroit que ſes compagnons, il ſe laiſſe prendre à Beaucaire pour un petit larcin. On le met en priſon, d'où il ne ſeroit peut-être pas ſorti qu'on ne lui eut fait declarer ſes crimes, & qu'on ne lui eut ôté le moyen d'en faire aiſément de nouveaux. Voila cependant le ſeul des trois ſcelerats que la Baguette fait trouver. Les autres, dit-on, ſont des demons, des peſtes publiques; la Baguette les épargne, le petit Boſſu paye pour tous.

Voyez encore à quoi aboutissent les belles promesses de faire trouver des tresors. La plûpart de ceux qui les cherchent avec des baguettes, sont fort gueux. Le Démon trouve le secret de ne les faire riches qu'en idée & en esperance. Il les entretient dans une avarice mortelle ; & quelquefois Dieu lui permet de leur ôter la vie, lorsqu'ils sont dans cette disposition. C'est ce qui arriva il y a prés de deux ans à une famille nombreuse qui logeoit tout auprés de nôtre maison, & qui trouva une mort soudaine là où la Baguette lui avoit fait esperer de trouver un tresor. Je vous en dirai le détail quand il vous plaira.

DIFFICULTÉ.

D'où vient que la Baguette ne tourne qu'à certaines personnes ? le Demon n'aime-t'il pas à se communiquer aux hommes autant qu'il le peut ? & n'est-il pas visible que s'il étoit l'auteur de l'usage de la Baguette, il la feroit tourner du moins à ceux qui ſouhaitent d'avoir cette vertu ?

RE'PONSE.

Il eſt tres-conſtant qu'il y a eu des Magiciens, je veux dire des gens qui ont fait des prodiges par l'operation du Demon. Faudroit-il conclure de là que tous ceux qui ont voulu l'être, l'ont été veritablement ? la conſequence ſeroit fauſſe. Neron n'oublia rien pour devenir habile dans la magie, & n'y pût réüſſir.

Comme au tems de Nôtre-Seigneur il y avoit pluſieurs poſſedez, auroit-on pû raiſonner de cette maniere ? Si les Demons poſſedoient les hommes, ils devroient les poſſeder tous & toujours, car ils aiment à dominer ſur eux. Or il ne les poſſedent pas tous ; donc ils n'en poſſedent aucun.

Les Demons ne font pas toujours tout ce qu'ils veulent, ſoit parceque les Anges qui ont plus de pouvoir qu'eux, empêchent quelquefois l'execution de leurs deſirs, ſoit parcequ'ils ne veulent pas eux-mêmes tout ce qu'ils pourroient.

Bien des gens sçavent par experience que les pratiques superstitieuses ne réussissent pas toujours ; & il est constant qu'elles n'ont pas leur effet, suivant les desirs de toutes sortes de personnes. Il y a deux mille ans qu'on parle de la divination par le crible. De tems en tems cette detestable pratique a eu cours parmi le peuple ; cependant on sçait bien que tout le monde ne pouvoit pas faire tourner le sas.

Ainsi bien loin de conclure que le Demon ne peut-être l'auteur du tournoiment de la Baguette, à cause qu'elle ne tourne pas entre les mains de toutes sortes de personnes, il faut dire au contraire que c'est par cela même que l'usage de la Baguette ressemble fort aux autres pratiques superstitieuses.

Le demon en use de cette maniere pour exciter davantage la curiosité, & pour entretenir les hommes dans le doute. Si la Baguette tournoit à toutes ſortes de perſonnes, on ne ſe défieroit peut-être pas du ſecret ; mais cette difference dont on ne ſçauroit donner de bonne raiſon, fait qu'on doute, & qu'agiſſant avec ce doute on peche. Voila où viſe le Demon.

DIFFICULTÉ.

Sçavoir ſi les effets de la Baguette ſont naturels, ou s'ils ne le ſont pas, c'eſt un probléme. Si des Phyſiciens habiles pretendent que ces effets ne peuvent être naturels, il ſe trouve auſſi des Philoſophes qui les expliquent naturellement. Nous avons déja vû quatre ou cinq ſyſtémes ſur cette matiere, & des Livres de ſix cens pages pour défendre ce ſentiment. Quel parti donc prendre parmi toutes ces diſputes, ſi ce n'eſt de laiſſer argumenter les Philoſophes juſqu'à ce qu'ils ſoient d'accord, & ne laiſſer pas cependant de ſe ſervir de la Baguette.

RE'PONSE.

Le parti eſt fort cavalier ; & s'il eſt permis de le ſuivre, on peut ſans ſcrupule recourir aux pratiques les plus ſuperſtitieuſes. Car je mets en fait, qu'il n'en eſt aucune dont quelque Philoſophe n'ait pretendu découvrir la raiſon naturelle.

L'effet de ces pratiques dépendoit-il de quelques paroles, ou de quelques caracteres ? Voila d'abord de gros traitez, où l'on étaloit la vertu des Nombres, l'énergie des Sons, les myſteres de Pythagore, les réveries des Rabins, & les ſecrets de la Cabale. L'effet étoit-il produit ſans paroles & ſsns caracteres ? on l'attribuoit à l'intention & à la force de l'imagination. Que de ſotiſes qui ont été dites pour montrer que l'imagination pouvoit remuer des corps qui ſont éloignez de nous ! Rougiſſant enfin de ces extravagances, s'eſt-on reſtraint à la force de ce qui s'exhale des corps ? on a dit encore des pauvretez qui étonnent par le ridicule. Vous en avez vû quelques preuves dans la premiere Lettre que je vous ai écrite à l'occaſion de la Baguette ; & ſi je vous diſois toutes les folies de cette nature qu'il me ſouvient d'avoir lûës dans les Philoſophes, je ferois un Livre que vous pourriez fort bien apeller *heteroclita Philoſophorum*. Page 66.

Il me ſeroit pourtant difficile de vous fournir beaucoup d'exemples plus ſinguliers que celui des corpuſcules qui ſe détachent du corps d'un homme, & vont faire ailleurs un recit bien particulariſé de ce qui ſe paſſe dans un cabaret. Supr. p. 189. & 90.

Quoiqu'il en ſoit, je ne doute pas que vous n'ayez eu ſouvent occaſion de dire aprés Ciceron * : *Je ne ſçai comment il ſe peut faire qu'on ne puiſſe rien dire de ſi abſurde, qu'il ne ſoit dit par quelque Philoſophe*. Seroit-il donc raiſonnable que la deciſion d'un point de pratique dépendit de l'avis de quelques perſonnes qui ſe mêlent de philoſopher ? Il y a des gens, qui avec la qualité de Phi-

* Neſcio quomodo nihil tam abſurdè dici poteſt, quod non dicatur ab aliquo Philoſophorum. *L. 2. de Divin.*

losophe, ne laissent pas d'avoir l'esprit de travers, ou qui étant capables de bien juger de plusieurs choses, se laissent neanmoins facilement éblouïr sur certaines matieres.

Pour ceux qui ont fait les systémes qu'on objecte, comme ils n'avoient pas pris garde à toutes les circonstances qui accompagnent les faits, il y a lieu d'esperer, que lorsqu'ils auront examiné de nouveau toutes choses, & qu'ils se seront donné la peine de lire les reflexions que j'ai pris la liberté de faire sur leurs systémes, ils se convaincront qu'il n'est pas possible d'expliquer naturellement les phenomenes de la Baguette.

Mais si quelqu'un de ces Messieurs persistoit dans son sentiment, pour ne pas se donner la peine de faire un nouvel examen, cela ne devroit pas tirer à consequence. L'usage de la Baguette est à present sur un pied que tout homme peut en juger par les notions communes, sans entrer en des discussions philosophiques. Il n'eſt perſonne qui ne ſçache qu'un corps ne peut apercevoir les penſées. Or la Baguette découvre les penſées des hommes. Car elle tourne ſur les bornes, ſur les contracts, ſur les larcins, ſur ce que l'on a acheté d'un argent volé, & ſur pluſieurs choſes qui ſont purement morales.

Elle s'accommode ſi fort aux deſirs & aux intentions des hommes, qu'elle ne tourne que pour ce qu'on ſouhaite de découvrir. Quoiqu'on ſoit auprés d'un endroit, où il y a de l'eau & des métaux, elle ne tourne pas, ſi ce n'eſt pas-là ce qu'on cherche.

Combien de fois a-t'on pû remarquer qu'en cherchant une ſource dans une maiſon, la Baguette tournoit s'il y en avoit une, & ne tournoit pas s'il n'y en avoit point? Cependant on étoit tout auprés de quelques perſonnes qui avoient de l'or & de l'argent, on étoit auprés d'une porte, d'une fenêtre, ou de quelqu'autre endroit où il y avoit du fer, du plomb, du cuivre: toutes choses qui font tourner la Baguette, quand on les cherche.

Ceux qui examineront les faits avec soin, feront cent reflexions de cette nature ; & ces sortes de reflexions sont décisives.

Au reste je voudrois bien qu'on jugeât de la Baguette par ce qu'à dit S. Augustin sur les pratiques superstitieuses. Si on lit quelques chapitres * du deuxiéme Livre de la

* 20. 21. 23. 24.

Doctrine Chrétienne, on y verra que plusieurs de ces pratiques sont couvertes du titre specieux de secrets

Infrà page 303.

de Physique. Que ces secrets n'operent que par le pouvoir des esprits dereglez que Dieu laisse agir ici-bas. Qu'on contracte avec eux une espece de societé, lorsqu'on a recours à ces pratiques. Qu'ils aprennent aux hommes par ces voyes plusieurs choses cachées pour exciter leur curiosité & leur cupidité. Qu'ils les trompent aussi fort souvent pour se joüer d'eux, & les traiter comme ils meritent. Que ce qui doit nous donner de l'horreur pour tout ce qu'ils en-

seignent, ce n'est pas seulement à cause des mensonges qu'ils y mêlent. Que quand même ils diroient toujours vrai, & qu'ils aprendroient des choses utiles, il faudroit rejetter leur témoignage, comme S. Paul rejetta celui de la Pythonisse, lorsqu'elle disoit des Apôtres, qu'*ils é-* Act. 16. 17.
toient les serviteurs de Dieu qui annonçoient la voye du salut. Qu'il ne faut jamais avoir de commerce avec ces esprits d'iniquité. Qu'un trop grand empressement de faire réussir certaines experiences pour contenter une curiosité demesurée, donne entrée à ce commerce. Que les esprits seducteurs les font réussir pour irriter la curiosité, & qu'ils s'accommodent aux differens desirs de ceux qui font ces sortes d'épreuves.

Faites, s'il vous plaît, l'aplication de tout ceci, & voyez quelle conclusion on doit tirer des faits que vous allez lire. Ils suffiroient pour ne me laisser aucun lieu de douter; si je n'étois convaincu par la Physique qu'il est impossible d'expliquer naturellement les phenomenes de la Baguette. Je suis, &c.

---

*A Monsieur *** Chanoine de l'Eglise Cathedrale de Grenoble.*

MAdemoiselle Ollivet, est la personne dont on vous a fait l'histoire ; il vous sera donc fort aisé, Monsieur, d'éclaircir tout ce qu'on vous a dit confusément. Mademoiselle Dufour pourroit aussi vous en dire le détail ; elle fut presente à tout, & vous sçavez que rien n'échape à sa memoire. Mais puisque vous souhaitez que je raconte moi-même comment la chose se passa, & qu'elle avoit été ma pensée sur l'usage de la Baguette, j'obeis, à condition que vous verrez sur les lieux, si les témoignages s'accordent, & si je n'omets point quelque circonstance qui meritât d'être remarquée.

J'apris à Grenoble il y a trois ou quatre ans, qu'on ſe ſervoit fort communément de la Baguette pour trouver de l'eau, des métaux, les bornes des champs, les choſes perduës, ou dérobées, & qu'on avoit même découvert quelques voleurs par cette voye.

Convaincu du fait, & étonné qu'on n'oſât decider ſur cette pratique, à cauſe des pretendus ſecrets impenetrables de la nature, je dis à ceux qui m'en parlerent, qu'il n'y avoit pas à déliberer touchant la découverte des bornes, des voleurs, & de toutes les autres choſes qui ne ſont telles que par un ordre moral; qu'il étoit clair que la Baguette ne pouvoit naturellement les indiquer. Monſeigneur le Cardinal qui voulut bien que je luy en parlaſſe à ſon retour de Chambery, où il avoit prêché le Carême, aprouva ce que j'en diſois, & reſolut de condamner cet uſage au premier Synode.

Je n'avois pas oſé dire auſſi nettement qu'il n'étoit pas poſſible qu'une baguette se remuât sur une source, ou sur des métaux. J'y trouvois de la difficulté, j'hesitois, & je crûs devoir y penser quelque-tems. On m'amena le fameux devin Jaques Aymar, trop connu par la découverte du meurtre de Lion, je parlai à quelques autres habiles en l'art de la Baguette, je fus témoin de quelques experiences, je fis plusieurs observations; & aprés avoir bien examiné toutes choses, je fus entierement convaincu que rien de corporel ne causoit le tournoiment de la Baguette, & qu'on ne pouvoit l'attribuer qu'au demon.

Voila, Monsieur, ce que Mademoiselle Ollivet entendit dire. Elle avoit plusieurs fois découvert avec la Baguette des métaux cachez à dessein. Cela lui fait craindre d'avoir offensé Dieu; elle cherche le Pere de l'Oratoire qui condamnoit cet usage, & lui expose sa difficulté.

Je lui répons que sa bonne foi la mise à couvert de toute faute, & qu'il suffit qu'elle ne se serve plus de la Baguette. J'ajoûte neanmoins qu'elle devroit demander à Dieu la grace de ne laiſſer aucun doute ſur ce ſujet, & le prier de ne pas permettre que la Baguette tournât jamais entre ſes mains, ſi le demon avoit part à ce tournoiment. Qu'il ſe pourroit pourtant bien faire que nos prieres ne fuſſent pas exaucées, mais qu'il y avoit lieu d'eſperer que le demon n'agiroit pas quand on prendroit ces precautions : qu'au reſte ce ne ſeroit pas tenter Dieu, & que la priere qu'elle feroit, étoit renfermée dans ce que nous demandons chaque jour, d'être délivrez des ruſes & des inſultes du demon.

L'avis eſt agreé, Mlle Ollivet passe deux jours en retraite, communie, fait ſa priere, en recevant le Pain ſacré, & je fais à l'Autel la même choſe. *Le 25. d'Aout 1689.*

L'aprés dîné on fait mettre pluſieurs pieces de métal dans une allée de jardin ; elle y va, prend la Baguette, paſſe pluſieurs fois ſur tous ces endroits, mais la Baguette ne ſe remuë point. On met les pieces de métal à découvert, on les aproche de la Baguette ; elle est immobile. Enfin on avance vers un puits, où autrefois on avoit vû tourner la Baguette, & se tordre avec violence entre les mains de la Demoiselle, & à present on n'aperçoit pas le moindre signe d'agitation.

Vous voyez bien, Monsieur, ce qu'on eut lieu d'en conclure. Mlle Ollivet en loüa Dieu, & le pria de lui continuer la même grace, si quelqu'autrefois elle étoit engagée à prendre la Baguette. L'occasion se presenta peu de tems aprés. Elle ne pût se dispenser de tenir une baguette sur quelques pieces de métal, en presence de plusieurs personnes, qui sçavoient qu'auparavant la Baguette tournoit parfaitement entre ses mains, mais elle fut encore immobile.

Vous pourrez sçavoir, Monsieur, si depuis ce tems-là on ne lui a point fait faire la même experience, & vous informer des particularitez d'un autre

autre fait qui n'eſt pas moins conſiderable, je voi bien par vôtre Lettre qu'on vous en a dit quelque choſe, mais ſi peu diſtinctement qu'on n'y connoît preſque rien. Vous en recevrez le recit par le premier ordinaire. Je ſuis, &c.

Autre Lettre à la même perſonne.

VOus avez vû, Monſieur, que des diſpoſitions auſſi pieuſes que celles de Mlle Ollivet, ſont bien oppoſées à la cauſe qui fait mouvoir la Baguette; & vous allez voir dans le fait, dont je vous ai promis le recit, que cette cauſe s'accommode aux deſirs des hommes, & qu'elle ſuit leurs intentions.

Ce qui étoit arrivé à Mlle Ollivet, fit ſouhaiter à quelques perſonnes qu'il en arrivât de même à quelques-ûns de ceux qui ſe ſervoient publiquement de la Baguette. La fille d'un Marchand nommée Martin, fut la premiere ſur qui on jetta les yeux. Elle étoit d'une habileté connuë par quantité d'épreuves ; elle avoit souvent découvert des métaux dans des caves à la ville, & à la campagne ; & il y avoit peu de tems qu'on lui avoit fait chercher une cloche cachée sous l'eau depuis le débordement de la riviere qui avoit emporté le pont du Faubourg. On l'avoit menée dans un bateau, & la Baguette avoit designé précisément l'endroit où étoit la cloche. Comme cette fille étoit simple & fort sage, on crût que je lui ferois aisément entendre que le demon avoit peut-être part à l'usage de la Baguette, & que cela suffiroit pour la porter à y renoncer. Mais elle avoit une si grande idée de la vertu de la Baguette, que je vis au premier abord, qu'on ne pouvoit sans quelque détour lui faire desirer qu'elle ne tournât plus entre ses mains. On veut, Monsieur, me dit-elle, que je vous parle du don que Dieu m'a fait, de me communiquer la vertu de la Baguette de Moïse, & du bâton de Jacob? Eſt-ce que vous faites ſortir de l'eau des rochers, en les touchant avec une baguette? lui dis-je. Non pas cela, reprit-elle, mais je trouve l'endroit où ſont les ſources : je découvre pluſieurs autres choſes ; & Dieu m'a fait une grace particuliere, qui eſt que la Baguette me tourne ſur les Reliques. Et qui vous avoit dit, repartis-je, que des Reliques pourroient faire tourner la Baguette? Perſonne, répondit-elle ; je ſçavois ſeulement qu'elle tournoit ſur des oſſemens des morts, & ſur beaucoup d'autres choſes ; & je voyois bien que les Reliques devoient avoir plus de vertu que tout cela. Je l'ai eſſayé, & j'ai réuſſi.

Quelque peu raiſonnable que parut cette penſée, il falut pourtant laiſſer faire à cette fille quelques experiences pour tâcher enſuite de la faire revenir, & pour obſerver ſi elle n'uſoit pas de quelque fourberie. Je fis cacher pluſieurs pieces de métal dans une allée du jardin du Seminaire : elle les découvrit en tres-peu de temens, & en designa si bien les differentes especes, que ceux qui étoient presens, en furent tout étonnez.

Ce qu'elle avoit dit d'abord des Reliques, elle le dit encore plusieurs fois, que la Baguette lui faisoit discerner les ossemens des Saints canonisez d'avec ceux qui ne le sont pas. Un homme de merite en parût choqué; & se laissa neanmoins engager à aller prendre diverses Reliques qu'il avoit chez lui.

En les attendant, comme je m'étois aperçû que la fille à la Baguette mettoit secretement quelque chose en sa main pour deviner de quelle espece étoit le métal caché, je crûs pouvoir ainsi trouver l'occasion de lui faire souhaiter que la Baguette ne lui tournât pas.

Vous voulez donc, lui dis-je, nous faire un mystere de vôtre secret? mais je pourrois bien le deviner, & peut-être en sçai-je là-dessus plus que vous ne pensez; je connois des personnes qui portent toujours de petits morceaux de chaque espece de métal ; ils en portent auſſi de toutes les autres choſes ſur leſquelles leur baguette tourne ; & voici tout leur ſecret. Font-ils toucher à la Baguette un métal different de celui qui eſt caché, la Baguette ne tourne plus. Font-ils toucher du même, elle en tourne encore mieux.

Monſieur Peiſſon Procureur au Parlement, & quelques autres, font tout le contraire. Si par exemple ils font toucher de l'or à la Baguette, & qu'elle ne tourne plus ſur l'endroit où elle tournoit auparavant, c'eſt pour eux un ſigne infaillible qu'il y a de l'or en cet endroit. Telle eſt leur pratique ; & ils en ont donné des raiſons dans un écrit qui court depuis quelques jours.

Enfin il y en a d'autres qui n'ont nul beſoin de faire toucher quoique ce ſoit à la Baguette ; elle tourne ſelon leur intention. S'ils ne veulent chercher que des ſources, elle ne tourne que ſur des ſources, & ainſi des autres choſes ; de maniere qu'ils connoiſſent ſurquoi la baguette tourne, par ce qu'ils ont envie de trouver.

O mon Pere qui auroit crû que vous en sçaviez tant ! s'écria cette fille, il faut donc vous dire tout. Je n'ai pas apris le secret de M. Peisson, je fais comme les premiers. Mais je voudrois bien que l'intention fit tourner la Baguette, cela seroit bien court ; il faut que je l'essaye. On jette deux loüis d'or à terre en deux differens endroits : la baguette tourne à diverses reprises sur l'un, & non sur l'autre, suivant qu'elle le desiroit.

Ravie d'avoir apris une voye si abregée, elle souhaite avec empressement de nous montrer avec quelle rapidité sa baguette tournoit sur les Reliques. On en aporte deux petits paquets ; on pose sur un banc un Reliquaire qui contenoit plusieurs ossemens venus de Rome : elle prend la baguette ; & tout à coup on la voit tourner avec plus d'impetuosité qu'elle n'avoit fait jusqu'alors.

Remarquez ceci, disoit cette fille:

quand la Baguette tourne ſur un loüis d'or, un épingle qui la toucheroit l'arrêteroit tout court ; mais que je lui faſſe toucher à preſent de toutes ſortes de métaux, rien ne peut l'arrêter, parce que les Reliques ont plus de vertu que tout le reſte.

Il n'en fut pas de même ſur l'autre paquet, la baguette n'eut preſque pas de mouvement. Loin de tourner pluſieurs fois avec vîteſſe, elle ne fit pas la ſixiéme partie d'un tour. Cette fille s'en étonne, diſpoſe ſes mains le mieux qu'elle pût, s'aproche, ſe met bien à plomb ; mais la baguette ne s'en remuë pas davantage. Oh ! dit-elle, fort ingenûment, il faut qu'il n'y ait rien là d'un bon Saint. Le paquet ne contenoit que quelques morceaux d'étoffe qui avoient ſervi à une Carmelite de Beaune morte en odeur de grande pieté.

Ces differens effets de la Baguette ſurprirent extrémement tous ceux qui étoient preſens. On étoit bien aſſuré que cette fille ne ſçavoit nullement ce que c'étoit que ces Reliques, & on ne laissoit pourtant pas de craindre quelque tour d'adresse.

Heureusement Monsieur l'Abbé de Lescot * vint dans le tems qu'on faisoit cette experience. Comme cet illustre Abbé est d'un caractere d'esprit plus porté à se roidir contre la credulité populaire, qu'à se laisser imposer, il eut encore plus de défiance que nous. Il y regarda de fort prés. On fit tenir la baguette à la fille en plusieurs manieres differentes, mais elle tourna toujours rapidement sur le Reliquaire, sans qu'il fut possible d'apercevoir aucune fourberie.

* *Official general de M. le Cardinal le Camus.*

La fille cependant étoit fort surprise de nous voir prendre tant de précautions. Toute occupée de ce qu'elle avoit apris touchant l'intention, elle en fit de nouveau l'épreuve sur les Reliques & sur quelques pieces de métal, & toujours avec succés. La baguette tournant, ou demeurant immobile selon qu'elle le desiroit.

Monsieur

Monsieur l'Abbé, & le Pere Superieur de l'Oratoire *, prirent de-là fort à propos l'occasion de faire entendre à cette fille que son pretendu secret ne pouvoit être naturel, puisqu'il dépendoit de son intention ; & Mlle Ollivet lui dit ce qu'elle avoit fait elle-même, & quelle en avoit été la suite. Cette fille en fut touchée ; elle renonça de bon cœur au demon & à la Baguette ; l'a tint pourtant encore une fois sur des métaux, & vit sans s'émouvoir qu'elle ne lui tournoit plus.

Le R. P. Cavard, à present Superieur de la Maison de Nôtre-Dame des Vertus.

Une de ses sœurs qui l'accompagnoit, n'eut pas des sentimens si chrétiens, & si raisonnables. Elle fut vivement touchée de voir que sa sœur ne pouvoit plus se servir de la Baguette. La mere en fut encore plus affligée ; & il me semble avoir entendu dire avant que je quittasse Grenoble, qu'on avoit fait enfin revenir l'envie à cette fille de se servir de la baguette, & que ce desir lui avoit redonné la vertu perduë. Il vous sera facile de sçavoir ce qui en est.

Je ſuis ravi, Monſieur, que vous m'ayez donné lieu d'écrire ces faits. Ils font voir aſſez clairement que l'intention a beaucoup de part au tournoiment de la baguette, & peut-être porteront-ils quelques perſonnes à faire ce que fit Mlle Ollivet. Au reſte elle n'eſt pas la ſeule à qui la Baguette ait ceſſé de tourner. Deux perſonnes de merite que vous connoiſſez aparemment, Monſieur le Prieur Barde, & Monſieur du Pernan Chanoine de Saint Chef, avoient eſſayé ſi la baguette ne tourneroit point entre leurs mains : elle leur tourna dans l'endroit d'un jardin où il y avoit de l'eau ; mais aprés avoir prié le Seigneur de faire ceſſer ce mouvement, s'il n'étoit pas naturel, la baguette ne tourna plus.

Je finis par un fait arrivé à Monſieur Expié, le plus habile-homme à Baguette que je connoiſſe aprés Jaques Aymar ; c'eſt lui-même qui me conta l'avanture.

Une vieille femme lui dit qu'elle

avoit de tout tems oüi dire qu'il y avoit de l'argent caché en un certain endroit de la campagne. Le sieur Expié y va, prend la baguette ; elle tourne, son art lui aprend qu'il y a de l'or, de l'argent, & du cuivre, & que tout cela est à deux toises de profondeur. Il apelle un païsan, le fait creuser onze pieds, il le renvoye, creuse lui-même un pied, il en creuse deux ou trois autres, & ne voit rien. Il reprend la baguette, elle se meut ; & s'arrête ensuite la tête tournée en haut, comme si les métaux n'étoient plus dans la terre. Monsieur Expié remonte, prend la baguette, elle tourne encore, & designe quelque chose en bas. Qu'est-ce que ceci, dit-il, en redescendant, y a-t'il un tresor en l'air ? suis-je seduit ? Ah ! mon Dieu, s'écrie-t'il, s'il y a du mal, je renonce au démon & à la Baguette. Il la tenoit à la main, & elle demeura immobile. La peur le saisit, il fait le signe de la Croix, & sort au plûtôt.

Mais à peine a-t'il fait deux ou

trois cens pas pour retourner à la ville, qu'occupé de ce qu'il vient de faire. Quoi, dit-il en lui-même, la baguette ne me tournera-t'elle donc plus? Il en coupe une, la tient entre les mains, & la voit tourner avec plaisir sur une piece de quatre sols qu'il avoit jettée à terre.

Que peut-on dire, Monsieur, de tout ceci? on renonce au demon & à la baguette, plus de tournoiment. On desire de nouveau que la baguette tourne, elle obéit; cela seroit-il naturel? Je ne voudrois pourtant pas publier ce fait, si M. Expié le trouvoit mauvais; il m'en avoit fait un secret, mais j'ai sçû qu'il l'avoit dit à plusieurs autres personnes, c'est pourquoi je ne fais point de difficulté de vous l'écrire. Je suis, &c.

A MONSIEUR ***.

Sur le sentiment des Auteurs Jesuites, qui ont traité de l'usage de la Baguette.

LE Pere Gaspard Schott a prouvé bien au long *a* par des raisons & par des faits que le tournoiment de la Baguette ne pouvoit être naturel. Il est vrai, Monsieur, que dans sa *Physique* b *curieuse* un égard respectueux pour des personnes de pieté qui s'étoient servies avec succés de la Baguette, l'a fait parler avec quelque restriction. Remarquez toutefois qu'il n'a pas pour cela changé de sentiment, & qu'il s'est contenté de dire qu'il ne voudroit pas as-

a *Pag.* 4. *Magia l.* 4. *Sym.* 4. Propter hæc & similia argumenta audacter ego pronuncio vim conversivam virgulæ bifurcatæ nequaquam naturalem esse, sed vel casu vel fraude virgulam tractantis, vel ope diaboli, &c.

b *Pag.* 1289. *eodem libro syntag.* 2. Discussimus pulsum annuli filo intra scyphum suspensi & horas indicantis. Utrumque effectum contingere quidem concessimus, at non virtute virgulæ aut annuli, sed aut fraude utentium, aut motione occulta caco-dæmonis, vel fortassis etiam phantasia manum in motum concitante. Universaliter autem asserere non ausim, dæmonem semper utrumque effectum præstare, quoniam certò mihi constat, viros religiosos ac probissimos, experimentum non semel infallibili cum successu tentasse. Qui quidem mordicùs defendunt, naturalem esse, nec fraudem ullam aut ullam phantasiæ emphasim intervenire. Sed nondum persuaserunt.

ſurer que le démon fait TOUJOURS tourner la Baguette.

Pour le Pere Dechalles ; la principale raiſon qui l'a empêché de decider, c'eſt qu'il a crû que de tout tems le coudre avoit ſervi à trouver les ſources ; en quoi il a fait paroître, qu'il n'étoit pas ſi verſé dans l'Hiſtoire naturelle, qu'il l'a été dans les Mathematiques.

Mais je ne croi pas qu'aucun autre Jeſuite ait parlé de la Baguette, ſans en condamner ouvertement l'uſage. Roberti *a*, Cæſius *b* & Forerus *c*, ont hautement declaré qu'il étoit ſuperſtitieux. Vous avez vû ce qu'en a dit Kirker. Le Pere Fabry dans ſa Phyſique, & le Pere Jean-François dans le traité des Eaux, ont été de l'avis du Pere Kirker ; & dans la Magie univerſelle de Schott, que j'avois parcouru autrefois, & qu'il a falu revoir pour vous ſatisfaire, je trouve une Lettre du Pere Conrad qui ajoûte quelque choſe à ce qu'avoient dit ſes Confreres. Comme ce Pere paroît avoir examiné la queſ-

a *In Goclen'um.*
b *De mineralibus.*
c *Viridar. Philoſ.*

tion avec beaucoup de ſoin à Prague & à Breſlaw, où il a enſeigné les Mathematiques, & qu'avec cela ſa Lettre eſt fort courte & fort nette; je vous ferai plaiſir de vous en envoyer une copie en François.

QUe ne puis-je vous fournir quelque choſe qui ſoit digne du grand Ouvrage que vous compoſez. Je me contenterai aujourd'hui de vous parler de la Baguette de Coudrier, puiſque c'eſt principalement ce que V. R. ſouhaite de moi. Je ſuis perſuadé par pluſieurs raiſons que cette Baguette n'indique point phyſiquement les métaux; 1. parce qu'une baguette de coudrier miſe en équilibre, comme une éguille aimantée, ne panche jamais d'aucun côté, quelque métal qu'on mette auprés. J'ai fait cette experience devant toute l'Univerſité de Prague à des Theſes de Mathematique; II. parce que le coudre qui croit ſur les montagnes metalliques, ne laiſſe pas de monter aſſez haut, au lieu de s'incliner vers les métaux, qui devroient l'atti-

rer fortement ; III. *parce que la Baguette se courbe avec la même vîtesse, soit qu'il y ait peu ou beaucoup de métal* ; IV. *parce qu'un Chymiste m'a dit il y a plus de vingt ans*, es konnen nicht alle mit der Ruthe reden, *tout le monde ne sçait pas faire parler la Baguette* ; V. *parce qu'elle ne tourne pas toujours à la même personne. Le Pere Provincial avec qui j'avois disputé sur cette matiere, tient à present cet usage suspect, & le condamne d'un pacte tacite.*

Encore un mot pour vous dire le sentiment de Stengelius, autre habile Jesuite qui a composé beaucoup de sçavans ouvrages au commencement de ce siecle. Il nous aprend * que de son tems la Baguette n'indiquoit pas seulement les métaux, mais qu'on s'en servoit pour deviner beaucoup d'autres choses ; une baguette toute droite à qui personne ne touchoit, se pliant en rond comme pour faire un cercle, lorsqu'on prononçoit le nom de ce qu'on vouloit sçavoir.

* *Mundi Theorici p.* 1. *cap.* 36.

Voila à peu prés ce qu'a dit saint Cyrille * sur les divinations par les baguettes qui se remuoient sans qu'on y touchât. Si cela est effectivement arrivé de cette maniere, comme plusieurs Auteurs le raportent, je ne sçai ce qu'auroient pû dire ceux qui veulent que la Baguette ne se remuë jamais, que par l'adresse de celui qui la tient ; ni quel systéme aureient pû chercher ceux qui pretendent expliquer naturellement le tournoiment de la Baguette.

* *In cap. 4. Osea.*

Mais il ne s'agit ici que du sentiment de Stengelius. Voyez-le, je vous prie, dans ce que je vais transcrire d'un traité *des Sorts des anciens Juifs*, qu'un sçavant Alleman vient de mettre au jour depuis quelques mois à Basle. Vous y trouverez des preuves de ce que je vous ai dit, que l'usage de la Baguette produit des abus qui font gemir les gens de bien en plusieurs endroits.

Ex cap. 13.

Tractatus de Sortitione veterum, Hebræorum. Authore Martino Mauritii. Basileæ 1692.

HÆc de ῥαβδομαντεία latius in eum finem dictæ sunt ; ut facilius de virga, quam divinam vocare solent, & qua abditos terræ thesauros, latentem pecuniam, & ejusmodi alia mobilia bona abscondita, metallorum fossores, milites, & alii præstigiatores solent inquirere, possit judicari ; Virtutem illi revelandi & abstrusa indicandi attribuunt vulgo, cum vera & naturalis ratio ejus rei, nisi ad sympathiam confugiant, assignari nequeat. De ea Peucerus sic sentit : *Eodem divinationes pertinent, Metallariis usitatæ, quæ fiunt sciotericis & virgula divina. Est ea ex corylo decisus bifidus baculus, quo venas illi auri argentive feraces explorant, inclinante sese eò virgula, quæ sub ter-*

ra venæ feruntur atque incedunt. Quævi id ſoli corylorum præſtent ſurculi, & non item cæterarum arborum, quæ in iiſdem provenerunt locis, eôdem terra altæ refectæque ſucco, obſcurum eſt: niſi quod conjicio συμπάθειαν *habere corylos ad metalla connatam & occultam: eam augent roborantque ſucci, cognatæ cum metallis naturæ, quos ex aggeſta radicibus terra, nutritionis cauſa ſugunt, & hauriunt. Scioterici vias ductuſque venarum profundiſſimos miro artificio perveſtigant, & deſignant, diriguntque operarios, ne devient, ex planorum triangulorum natura.* Hoc nimirum eſt, quod Deus per Hoſeam in populo caſtigat, *baculus ſuus ei indicat.* Experientia perceptum eſt, virgam hujuſmodi, divinam ſcil. ejus manu tractatam, cujus animus à ſuperſtitioſa hac vanitate liber, ejuſmodi vim plane non exercere: Ex ſuperioribus didicimus, ipſos etiam gentiles non naturalibus viribus, ſed Diis ſuis tribuiſſe, ſi quid virtutis hujuſmodi virgæ ipſorum patraſſent, atque inde, ut patrarent, Deos suos comprecabantur, vel incantationes adhibebant. Si ex succo cum metallo cognatæ naturæ, cur surculus bifidus, cur corylus præsertim, esse debet? Certum ex re ipsa est, virgam de salice decerptam, eandem exerere efficaciam. Sympathia, quam causantur, omnium anilium superstitionum asylum est, ea vero hîc potissimum valet, quæ aliâs *auri sacra fames & arcana cum spiritibus subterraneis collusio*, vel eorundem saltem, insciis operariis, cooperatio; apud quosdam etiam rapacis animi, aliena inhiantis, & furantis latentia, defossa, abscondita à furacibus manibus proximi bona, quærentis opus est & labor: lusus est satanæ, avaritiam promoventis & augentis, militum & furum rapacitatem adjuvantis, patrum vero & matrum familias, periculosis temporibus res suas alicujus precii salvare studentium, industriæ illudentis, & res eorum absconditas raptoribus prodentis. Insuper si probæ notæ ars sit, similem contra docent, qua vafritiem istam satanicam quis possit illudere, secundum Catonem :

> *Tu quoque fac simile, & sic ars deluditur arte.*

Gessit & Moses res prodigiosas per virgam, sed divina vis non est perinde omni virgæ alligata. Itaque sicut Pharaonis malefici, fecerunt etiam ipsi per incantationes Ægyptiacas, & arcana quædam similiter : projeceruntque singuli virgas suas, quæ versæ sunt in dracones ; ita hodie dum cacodæmon homines dementat, ut dum sunt arcini, sibi divini esse videantur. Illi scire debent, antiquam hanc esse antiqui serpentis artem, ut se in angelum lucis transfiguret, fallacissimaque promissione dicat : Eritis sicut Dii, scientes bonum & malum. Accedit hoc tempore divinatoriam sortem nec jussam à Deo, nec sine peculiari instinctu Dei permissam, scribit Stengelius, in paragrapho, cui titulus est : *Quantus in virga sortibus Dei simius sit Cacodæmon ?* Fortis est Satanas, & in illudendos homines, atque variis superſtitionis vitiis imbuendos, inficiendos, infectos firmandos, μυειοτεχνίτης & ingenioſus: quam ſatanæ callidam fraudem idem Stengelius his verbis perſtringit: *Sed & noſtra tempora retinent antiqua vitia: Neque enim Sueci tantum, velut divina quadam virgula, aurum argentumque, ubi lateat, norunt hariolari; ſed alii quoque conceptis verbis efficiunt, ut virgula recta ad nomen rei, quam indagant, ſponte ſua junctis extremitatibus, in circulum coëat, & à cornibus velut lunetur: Nimirum inſignis Dei ſimia eſt diabolus.* Dolendum ſane eſt, vanitate iſta idololatrica, corruptos eſſe homines non è fæce vulgi & indoctos, non mulierculas, aut levis monetæ terræ filios; ſed doctos etiam, imò & Magiſtratus quoſdam ipſoſmet, non Judæos, Turcas, gentiles, & barbaros, ſed ipſos etiam Chriſtianos.

SENTIMENT DE S. AUGUSTIN
SUR LES PRATIQUES SUPERSTICIEUSES.

SUperstitiosum est quidquid institutum est ab hominibus ad consultationes & pacta quædam significationum cum dæmonibus placita atque fœderata, qualia sunt molimina magicarum artium, quæ quidem commemorare potius quam docere assolent poëtæ. Ex quo genere sunt, sed quasi licentiore vanitate, haruspicum & augurum libri. Ad hoc genus pertinent omnes etiam ligaturæ atque remedia quæ medicorum quoque disciplina condemnat; sive in præcantationibus sive in quibusdam notis quos characteres vocant, sive in quibusque rebus suspendendis, atque illigandis vel etiam aptandis quodammodo, non ad temperationem corporum, sed ad quasdam significationes aut occultas aut etiam manifestas, quæ mitiore nomine Physica vocant, ut quasi non su-

De Doctrina Christiana, *l.* 2. c. 20.

perstitione implicare, sed natura prodesse videantur : sicut sunt inaures in summo aurium singularum, aut de struthionum ossibus ansulæ in digitis, aut cum tibi dicitur singultienti, ut dextera manu sinistrum indicem teneas.

Cap. XXII. .... Quare istæ quoque opiniones quibusdam rerum signis humana præsumtione institutis, ad eadem illa quasi quædam cum dæmonibus pacta & conventa referendæ sunt. Hinc enim fit ut occulto quodam judicio divino cupidi malarum rerum homines tradantur illudendi & decipiendi pro meritis voluntatum suarum, illudentibus eos atque decipientibus prævaricatoribus angelis, quibus ista mundi pars infima secundum pulcherrimum ordinem rerum divinæ providentiæ lege subjecta est.

Cap. XXIII. QUIBUS ILLUSIONIBUS ET DECEPTIONIBUS EVENIT, UT ISTIS SUPERSTITIOSIS DIVINATIONUM GENERIBUS MULTA PRÆTERITA ET FUTURA DICANTUR, NEC ALITER ACCIDANT

QUAM

QUAM DICUNTUR, MULTAQUE OBSERVANTIBUS SECUNDUM OBSERVATIONES SUAS EVENIANT, QUIBUS IMPLICATI CURIOSIORES FIUNT, ET SESE MAGIS MAGISQUE INSERANT MULTIPLICIBUS LAQUEIS PERNICIOSISSIMI ERRORIS. Hoc genus fornicationis animæ ſalubriter divina ſcriptura non tacuit, neque ab ea ſic deterruit animam, ut propterea talia negaret eſſe ſectanda, quia falſa dicuntur à profeſſoribus eorum : *Sed etiam ſi dixerint vobis*, inquit, *& ita evenerit, ne credatis eis*. Non enim quia imago Samuelis mortui Sauli regi vera prænuntiavit, propterea talia ſacrilegia, quibus imago illa præſentata eſt, minùs exſecranda ſunt : aut quia in actibus Apoſtolorum ventriloqua femina verum teſtimonium perhibuit Apoſtolis Domini, idcircò Paulus Apoſtolus pepercit illi ſpiritui, ac non potius feminam illius dæmonii correptione atque excluſione mundavit.

Omnes igitur artes hujuſmodi vel nugatoriæ, vel noxiæ ſuperſtitionis, ex quadam pestifera societate hominum & dæmonum, quasi pacta quædam infidelis & dolosæ amicitiæ constituta, penitus sunt repudianda & fugienda Christiano : *Non quod idolum sit aliquid*, ait Apostolus, *sed quia quæ immolant, dæmoniis immolant, & non Deo : nolo autem vos socios dæmoniorum fieri.* Quod autem de idolis & de immolationibus, quæ honori eorum exhibentur dixit Apostolus, hoc de omnibus imaginariis signis sentiendum est, quæ vel ad cultum idolorum, vel ad creaturam ejusque partes tanquam Deum colendas trahunt, vel ad remediorum, aliarumque observationum curam pertinent, quæ non sunt divinitùs ad dilectionem Dei & proximi tanquam publicè constituta, sed per privatas appetitiones rerum temporalium corda dissipant miserorum. In omnibus ergo istis doctrinis societas dæmonum formidanda atque vitanda est, qui nihil cum principe suo diabolo nisi reditum nostrum claudere atque obterare conantur. Sicut autem de stellis quas condidit & ordinavit Deus, humanæ & deceptoriæ conjecturæ ab hominibus institutæ sunt : sic etiam de quibusque nascentibus vel quoquo modo divinæ providentiæ administratione existentibus rebus multi multa humanis suspicionibus, quasi regulariter conjectata, litteris mandaverunt, si fortè insolitè acciderint, tanquam si mula pariat, aut fulmine aliquid percutiatur.

QUÆ OMNIA TANTUM VALENT, QUANTUM PRÆSUMTIONE ANIMORUM QUASI COMMUNI QUADAM LINGUA CUM DÆMONIBUS FOEDERATA SUNT. QUÆ TAMEN OMNIA PLENA SUNT PESTIFERÆ CURIOSITATIS, CRUCIANTIS SOLLICITUDINIS, MORTIFERÆ SERVITUTIS. NON ENIM QUIA VALEBANT ANIMADVERSA SUNT, SED ANIMADVERTENDO ATQUE SIGNANDO FACTUM EST UT VALERENT. ET IDEO DIVERSIS DIVERSA PROVENIUNT SECUNDUM COGITATIONES ET PRÆSUMPTIONES SUAS. ILLI ENIM SPIRITUS QUI DECIPERE VOLUNT, CAP. XXIV.

TALIA PROCURANT CUIQUE, QUALIBUS EUM IRRETITUM PER SUSPICIONES ET CONSENSIONES EJUS VIDERINT. Sicut enim, verbi gratia, una figura litteræ quæ decussatim notatur, aliud apud Græcos, aliud apud Latinos valet, non natura sed placito, & consensione significandi: & ideo qui utramque linguam novit, si homini Græco velit aliquid significare scribendo, non in ea significatione ponit hanc litteram, in qua eam ponit, cum homini scribit Latino. Et beta uno eodemque sono apud Græcos literæ, apud Latinos oleris nomen est. Et cum dico, lege, in his duabus syllabis aliud Græcus, aliud Latinus intelligit. Sicut ergo hæ omnes significationes pro suæ cujusque societatis consensione animos movent: & quia diversa consensio est, diversè movent. Nec ideo consenserunt in eas homines, quia jam valebant ad significationem: sed ideò valent, quia consenserunt in eas. Sic etiam illa signa, quibus perniciosa dæmonum societas comparatur , pro cujuſque obſervationibus valent. Quod manifeſtiſſimè oſtendit ritus augurum , qui & antequam obſervent , & poſteaquam obſervata ſigna tenuerint ; id agunt, ne videant volatus , aut audiant voces avium : quia iſta nulla ſigna ſunt , niſi conſenſus obſervantis accedat.

FINIS.

www.ingramcontent.com/pod-product-compliance
Ingram Content Group UK Ltd.
Pitfield, Milton Keynes, MK11 3LW, UK
UKHW021847190726
13855UKWH00001B/198

9 782013 599443